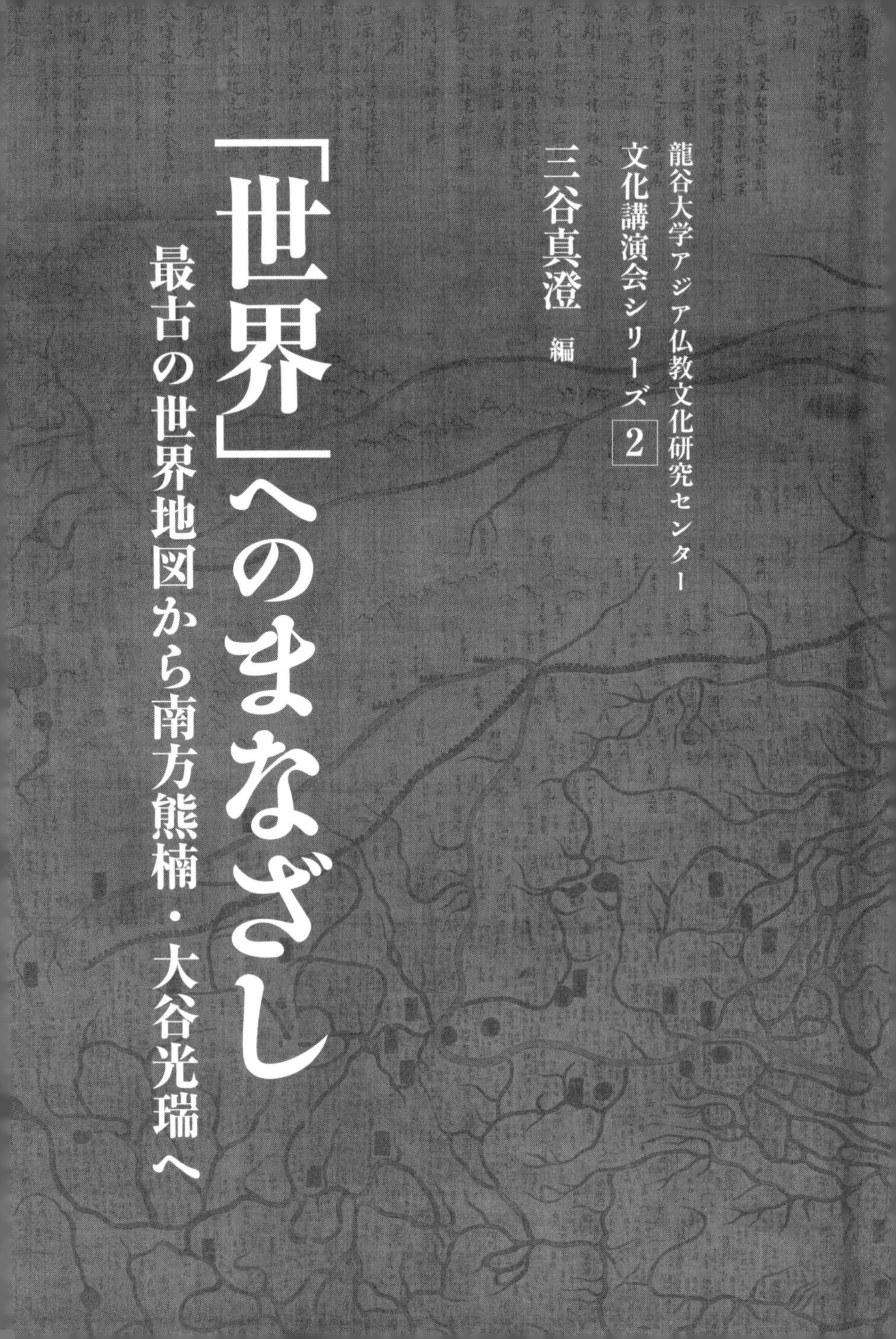

龍谷大学アジア仏教文化研究センター
文化講演会シリーズ 2

三谷真澄 編

「世界」へのまなざし

最古の世界地図から南方熊楠・大谷光瑞へ

目次

はじめに……4
龍谷大学国際学部教授　三谷真澄

最古の世界地図『混一図』から見る「世界」……7
龍谷大学文学部教授　村岡倫

一　龍谷大学所蔵『混一図』の概要　9
二　日本はなぜ逆さまに描かれているのか　11
三　『混一図』に描かれる交易路から見える「世界」　24
四　仏教における世界認識の研究に向けて　36

南方熊楠とアジア……43
龍谷大学国際学部教授　松居竜五

はじめに　45
一　幼少期に愛読した和漢の書物　46
二　『和漢三才図会』から広がる世界　52
三　渡米以降の中国人との交遊　56
四　チベットに向けるまなざし　62
五　「ロンドン抜書」の中のアジア　67
六　「ロンドン抜書」から「十二支考」へ　73

大谷光瑞の世界認識

………81

龍谷大学国際学部教授　三谷　真澄

はじめに　83
一　大谷光瑞とは　85
二　大谷光瑞の事跡　89
三　大谷探検隊とは　92
四　大谷光瑞と農業　99
五　大谷光瑞の世界認識　106
おわりに　109

はじめに

平成二十七年（二〇一五）に、龍谷大学は仏教研究の世界的プラットフォームとなるべき「世界仏教文化研究センター」を設立いたしました。この研究センターは、寛永十六年（一六三九）に西本願寺阿弥陀堂北側に開設された「学寮」を淵源とする龍谷大学が、三七〇有余年にわたって蓄積してきた「仏教に関する諸研究」を基盤として、さらなる仏教研究の進展をはかるために設立したものです。その傘下にあるのが、アジア仏教文化研究センターです。

アジア仏教文化研究センターは、龍谷大学の長年にわたる「仏教研究」の成果を多角的に進展させるため、文部科学省が進める私立大学戦略的研究基盤形成事業に、研究プロジェクト「日本仏教の通時的共時的研究――多文化共生社会における課題と展望――」（平成二十七年度より平成三十一年度）をテーマとして応募し、採択されました。その中には多くの研究班が置かれていますが、本企画は、グループ1「通時的研究班」・ユニットA（日本仏教の形成と展開）、およびユニットB（近代日本仏教と国際社会）の共同事業という位置づけになります。

　本書は、各自の研究成果の一端を社会に還元する形で発信しようとするものであり、平成二十八年十一月、十二月および平成二十九年一月の計三回にわたって開催された「世界認識と「アジア」」の講演（於龍谷大学深草学舎和顔館《わげんかん》）をもとに編集の上、以下の順に収録したものです。

一　最古の世界地図『混一図』から見る「世界」　龍谷大学文学部教授　村岡　倫
二　南方熊楠とアジア　龍谷大学国際学部教授　松居竜五
三　大谷光瑞の世界認識　龍谷大学国際学部教授　三谷真澄

　ここに挙げた「世界」とは、地図上の地理的世界にとどまらず、自己の認識する空間として考えることができます。世界は、それを認識する人の知識や経験によって狭くも広くもなります。龍谷大学所蔵の『混一疆《こんいつきょう》理《り》歴代国都《れきだいこくと》之《の》図《ず》』は、まぎれもなく、十五世紀の人々の世界観を表現しています。その世界認識は現代の私たちに何を語るのでしょうか。

希代の博物学者・南方熊楠《みなかたくまぐす》（一八六七―一九四一）は、若き日に欧州に遊びましたが、その目には世界、特に自分の生まれ育った「アジア」はどのように映っていたのでしょうか。

また、同時代に生まれ、大谷探検隊を派遣したことで有名な大谷光瑞《おおたにこうずい》（一八七六―一九四八）は、仏教者・教育者・研究者・探検家・著述家等々、枚挙に暇《いとま》のないほどさまざまな分野に広く深い知識をそなえて、時代に足跡を残しました。その視野にはどのような世界像が開けていたのでしょうか。

この講演録では、世界認識を示す古地図から、ある時代に生きた二人の人物の世界認識、世界像について、専門分野の研究を通して迫っていきます。

平成二十九年九月十五日

龍谷大学国際学部教授
（アジア仏教文化研究センター兼任研究員）
三谷真澄

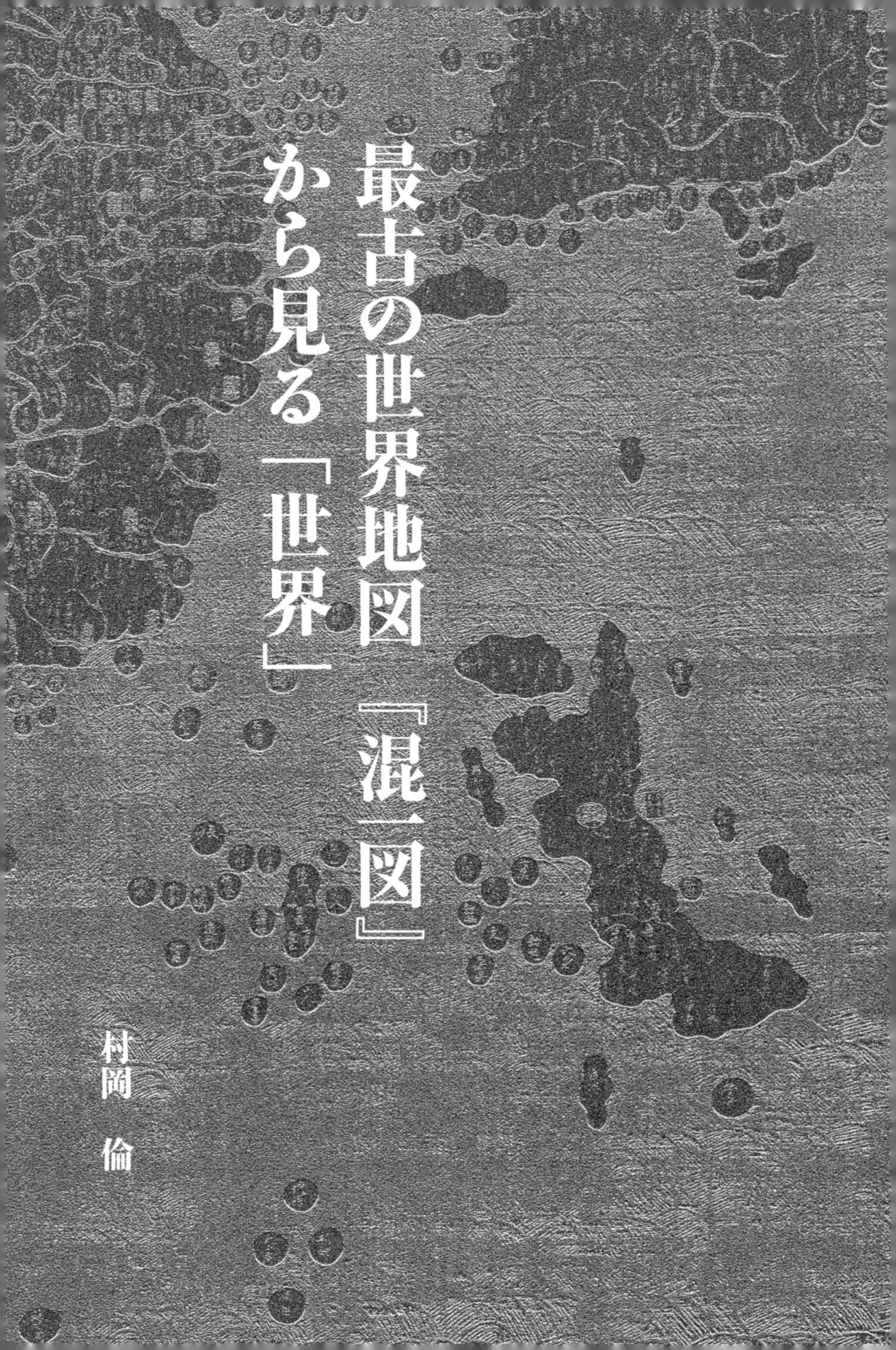

最古の世界地図『混一図』から見る「世界」

村岡 倫

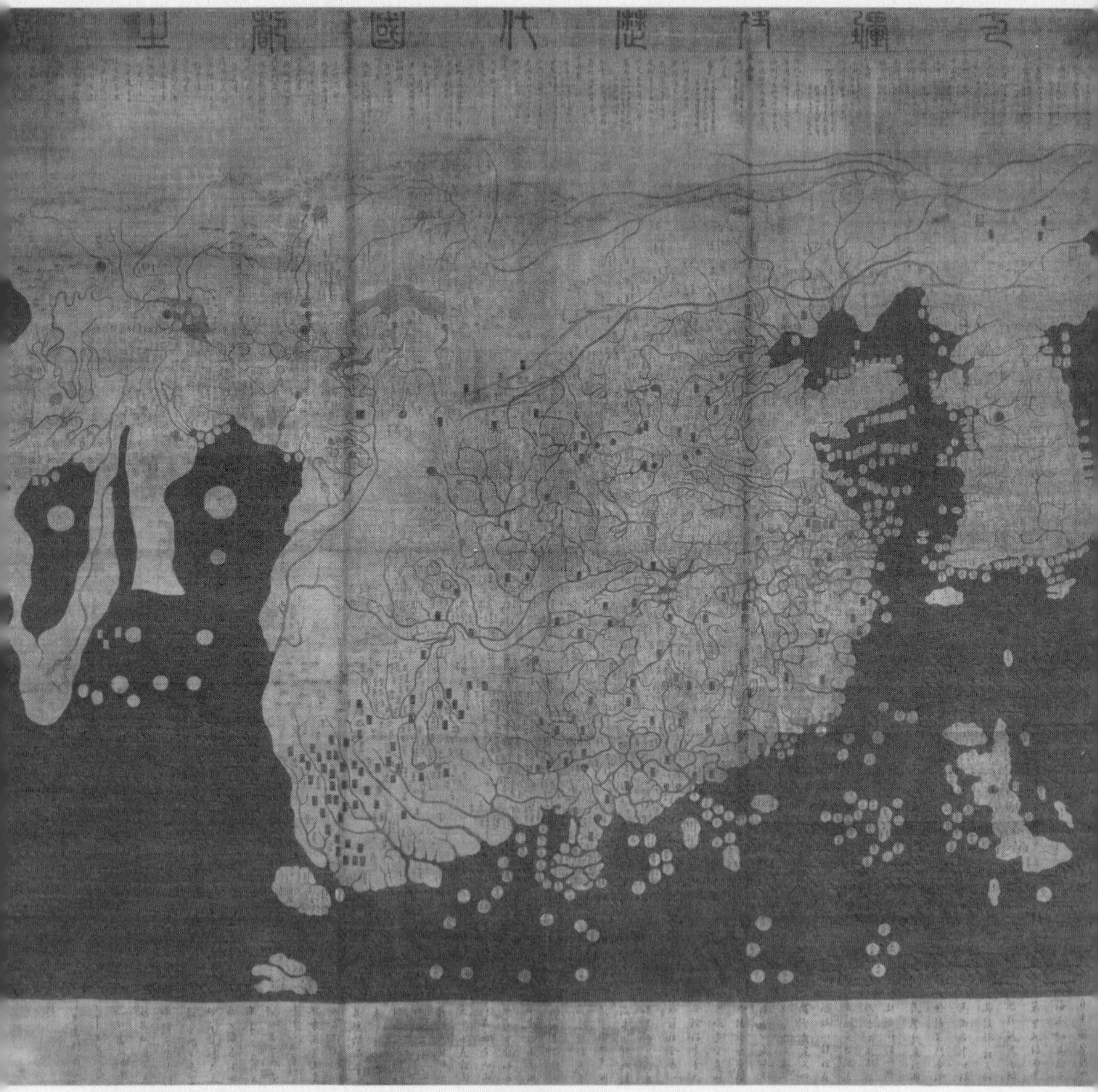

『混一疆理歴代国都之図』1402 年（龍谷大学図書館蔵）

一　龍谷大学所蔵『混一図』の概要

龍谷大学図書館が所蔵する『混一疆理歴代国都之図《こんいつきょうりれきだいこくとのず》』（以下、『混一図』と略。特に龍谷大学所蔵のものは「龍谷図」と称する）は、中国王朝である明《みん》の年号で言えば建文《けんぶん》四年、つまり西暦一四〇二年に李氏朝鮮で作製された、現存する最古の世界地図の一つです。一四〇二年に初版が作製されて以降、その都度新たな地理情報を取り入れ、修正が加えられ、現在はいくつかの同種の図が知られています。『混一疆理歴代国都之図』と同名を称するもの、あるいは『大明国図《だいみんこくず》』という名のものがあります。龍谷図は、朝鮮半島の地名から、一四八一年から一四八五年の改訂版であることが指摘されています。絹地《きぬじ》に描かれ、縦一五一センチメートル、横一六三センチメートルの大きさです。

龍谷図はかつて西本願寺が所蔵しており、後に龍谷大学に寄贈されたのですが、なぜ、西本願寺に所蔵されていたのかはよくわかっていません。十六世紀末、豊臣秀吉が朝鮮半島に派兵した、いわゆる「文禄の役《ぶんろくのえき》」の後、秀吉によって西本願寺に賜与《しよ》されたとも、明治に入ってから、大谷探検隊で有名な西本願寺第二十二世宗主でありました大谷光瑞《おおたにこうずい》師が、朝鮮で購入したともいわれていますが、詳細は不明です。

光瑞師と親交のあった京都帝国大学地理学研究室の小川琢治《おがわたくじ》教授（東洋史学者の貝塚茂樹《かいづかしげき》・物理学者の湯川秀樹《ゆかわひでき》・中国語学者の小川環樹《たまき》ら兄弟の父）が、一九一〇年に龍谷図から彩色模写図を作製しておりますので（現在、京都大学文学部地理学教室所蔵）、この時点ではすでに西本願寺にあったことは明らかです。龍谷図が西本願寺に所蔵されるようになった経緯の解明は、今後の重要な課題の一つだと言えます。

一四〇二年作製の『混一図』ですが、そこに記されている地名の多くは、その直前のモンゴル帝国・元朝時代のものです。「混一疆理」とは「混然《こんぜん》一体となった領域」を意味し、まさしくモンゴル帝国時代の「世界」の状況を示しています。また、「歴代国都」の語を冠しているのは、モンゴル帝国・元朝時代を経て明代に至るまでの歴代王朝の国都を記しているからです。『混一図』は、モンゴル帝国という時代を反映し、時間や空間を超える多様で膨大な情報が盛り込まれており、まさにユーラシア世界の歴史を知るための、巨大な「歴史文献」と言えるでしょう。

龍谷大学アジア仏教文化研究センターにおけるサブユニットでの私の研究課題は、この『混一図』と仏教系世界図の比較検討を中心としています。人類史上、「世界」という認識は仏教から生まれ、僧侶たちによってさまざまな仏教的世界観を表わす世界図が生み出されました。そこから現実の世界像認識への道が開かれたと言ってよいでしょう。そのような認識にもとづき、さまざまな仏教系世界図から現実の世界像を表わす地図への道程を検証することが私のサブユニットの目的です。今回は、研究の中心の一つである『混一図』から見る「世界」を各方面から考えてみることにしたいと思います。

二　日本はなぜ逆さまに描かれているのか

邪馬台国問題との接点

まず日本との関連を考えてみることにしましょう。じつは、もともと少数の研究者しか知らなかった『混一図』が、それなりに一般にも有名になったきっかけは「邪馬台国《やまたいこく》論争」でした。図の中に描かれている日本列島の姿は、ご覧の通り、九州を北に、全体が南に垂れ下がるという奇妙な形をしています（図1）。邪馬台国研究者の一部が、かつて中国では、倭《わ》、つまり日本はこのような形状をしていると認識されていたと考え、邪馬台国の位置を特定する上で重要な根拠としました。

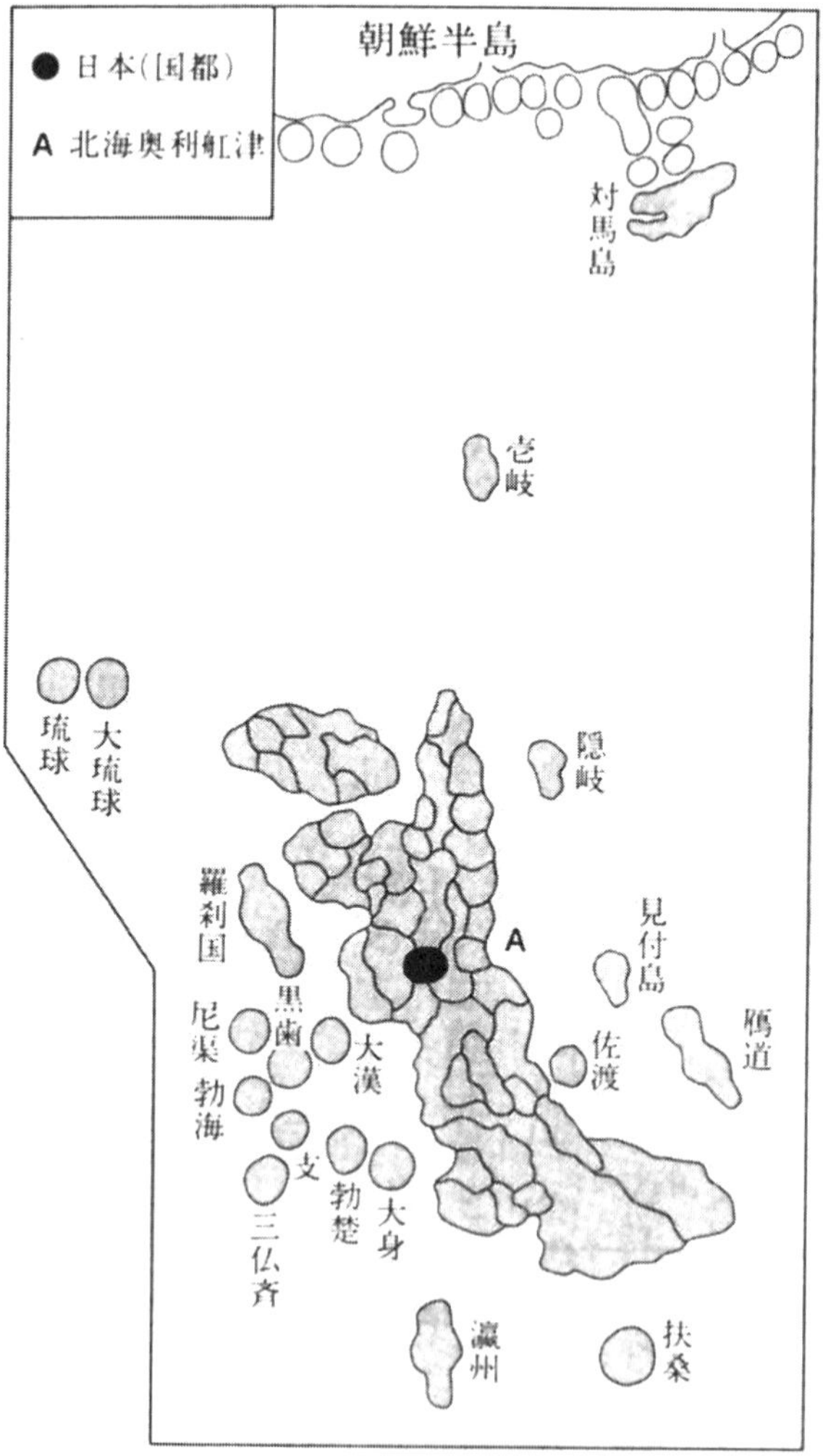

図1　龍谷図の日本（応地 1996：101）

邪馬台国はどこにあるのか？　最も関心の高い日本古代史の謎であろうかと思います。主な説として、「北九州説」と「畿内説」があるのはよく知られていますが、畿内説で最もネックになったのは、邪馬台国への旅程が、朝鮮半島から九州上陸後、「南へ一月」であるという『魏志《ぎし》倭人伝』（正確には『三国志』魏書、東夷《とうい》伝、倭人の条）の一節でした。畿内説が成り立つためには、九州上陸後は東へ向かわなければならず、そのため、「南」は「東」の誤りだとする畿内説論者もいましたが、いかにも無理がありました。

しかし、龍谷図の日本の姿が知られるようになって、畿内説を唱える人々は色めき立ったのです。つまり、彼らはこの図を根拠に、古代の中国人は日本列島の姿をこのように認識していたので、南へ南へと移動すれば畿内に到達すると考えており、やはり『魏志倭人伝』の「南」というのは正しくは「東」であって、邪馬台国は畿内にあったのだと主張したのです。現在に至るまで、畿内説を語るときには盛んに引用されてきました。龍谷図が一般の人々の間でも有名になったのは、このような理由があったのです。果たして、その主張は正しいのでしょうか。古代の中国の人々は、本当に日本はこのような姿だと思っていたのでしょうか。

ところが、一九八七年、日本列島を本来の姿で描いている同名の図が発見されました

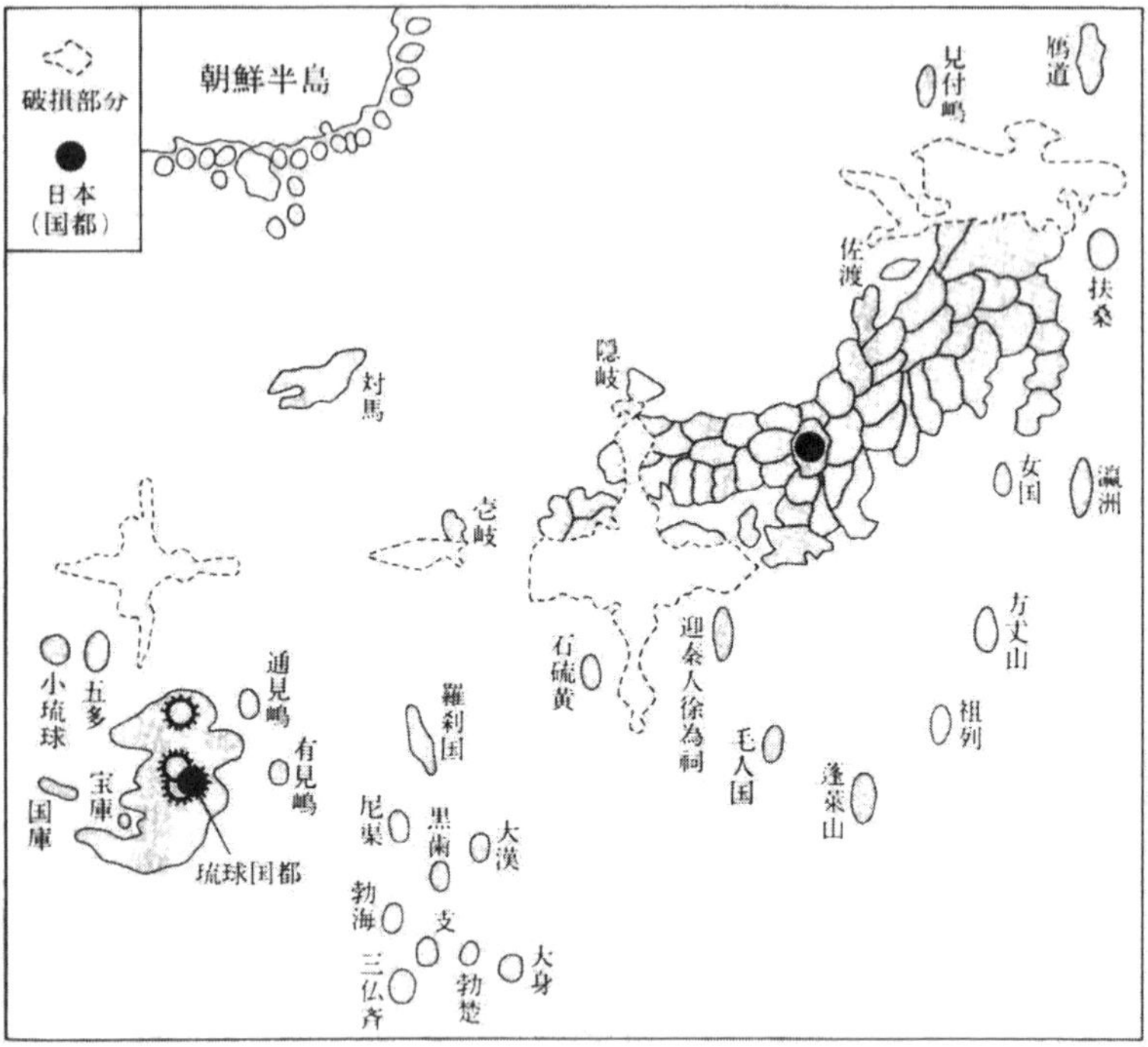

図 2　本光寺図の日本（応地 1996：102）

（図2）。それは、長崎県島原市の本光寺に所蔵されており、龍谷図よりもふた回りほど大きく、紙に描かれたものでした。この点、京都大学の杉山正明《すぎやままさあき》先生は、『混一図』について「本光寺図があらたに出現することによって、「邪馬台国論争」における〝証人〟としての意味合いは、いまや、はなはだ薄らいだ」、あるいは「龍谷図における日本列島の姿は、二系統あるこの「世界図」のうち、龍谷図のみに見られる特徴」とし、「龍谷図だけの「ひとつの写本」から、龍谷図と本光寺図の「ふたつの写本」に、状況が変化した結果、「邪馬台国論争」とのかかわりは、ひとまず棚上げになったといっていい」と述べています。考えてみれば、本光寺図だけでなく、これまで知られているそのほかの同種の図、たとえば熊本の本妙寺蔵の『大明国地図』、天理大学図書館蔵の『大明国図』などもすべて日本列島は本来の姿で描かれています。このような日本の描き方の違いは、どのような経緯で起こったのか。『混一図』の成立を考える上で重要な課題と言えるでしょう。

『混一図』のもととなった二つの地図から

『混一図』の下部には、李氏朝鮮初期の朱子学者・権近《ごんきん》による跋文《ばつぶん》（後書き）があります。それによれば、『混一図』は、元末明初の僧・清濬《せいしゅん》（一三二八―九二）の『混一疆理図』（一三六〇年作製）と元朝末期の李沢民《りたくみん》の『声教広被図《せいきょうこうひず》』（一三六〇年―六八年頃作製）の二つの図を合わせ、簡略だった朝鮮と日本を詳しく書き直したものであるということです。

そうであれば、そのもとになった地図を見れば、中国の人々が日本をどういう姿で認識していたかがわかるのではないでしょうか。清濬と李沢民、そして彼らの手による二つの地図に関しては、京都大学人文科学研究所の宮紀子《みやのりこ》先生の研究に詳しく、それによれば、二つの地図のうち先行するのは清濬の『混一疆理図』だということです。後に、この図から『広輪疆理図《こうりんきょうりず》』という地図が作製され、明代になって、景泰三年（一四五二）に、厳節《げんせつ》という人物が『広輪疆理図』の改訂版を作り、それが今に残っています。まず、その『広輪疆理図』を見てみましょう（図3、図4）。そこには、日本列島が細長い三つの島として描かれています。左の島に「太宰」という文字が見え、その左に「牌前」と見えるのは正しくは「肥前」で、上の「門関」は現在でも「関門海峡」の名で知られるように、「門司」と「下関」を指すのでしょうし、一番下に見える「阿」の文字は「阿蘇」に繋がるように思えます。いずれにしても九州地方の地名です。

中央の島には「長門」などが見えます。一番下にまた「関」の文字もあるので、これも

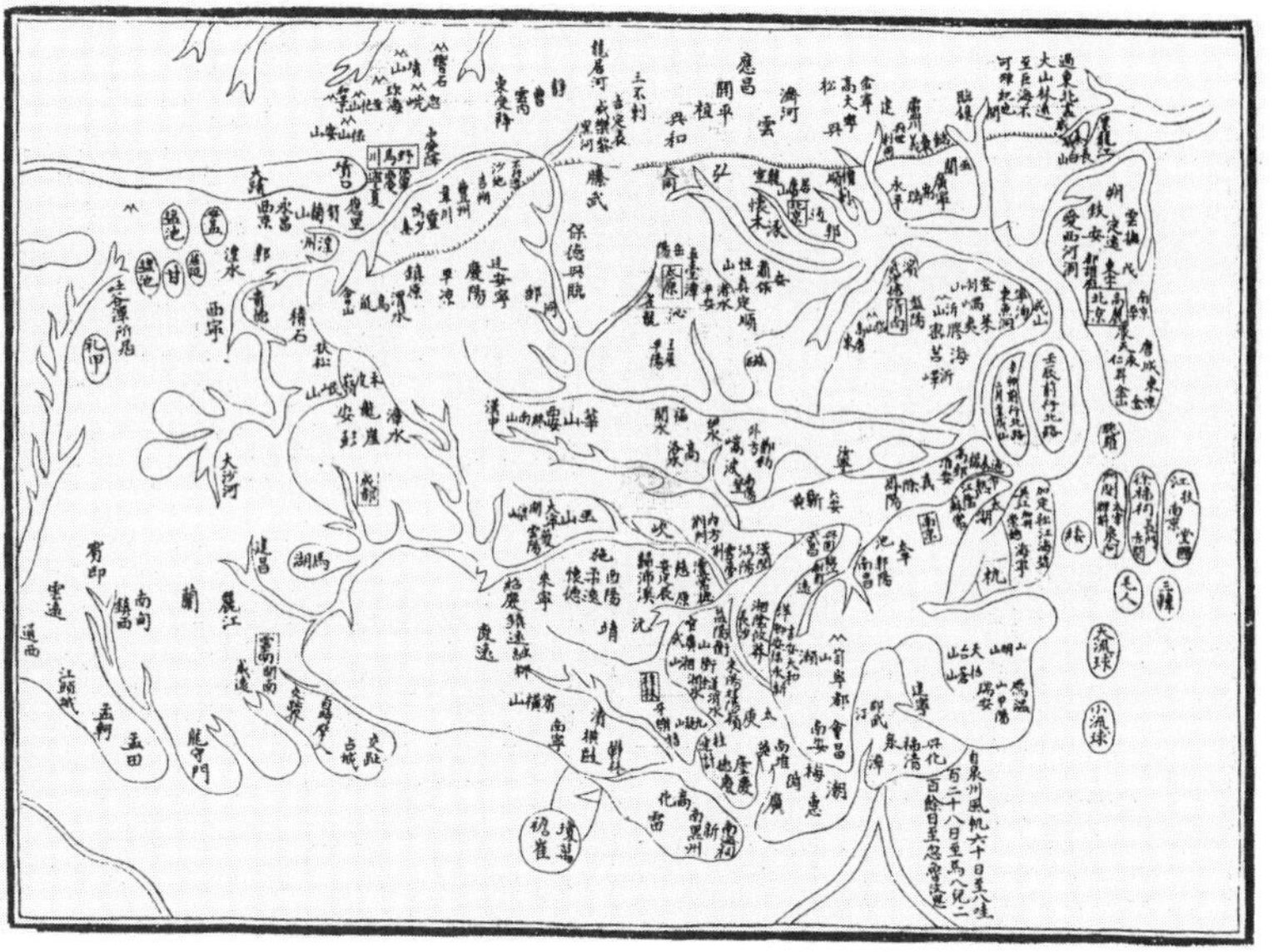

図３　葉盛『水東日記』（15 世紀中頃）に収められた『広輪疆理図』（ブロントン 2015：150）

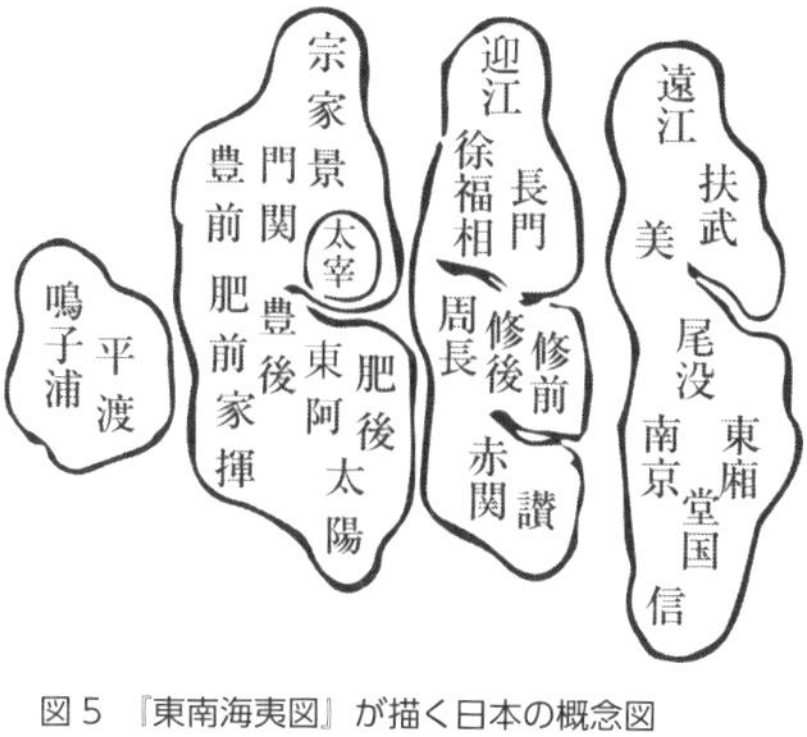

図５　『東南海夷図』が描く日本の概念図

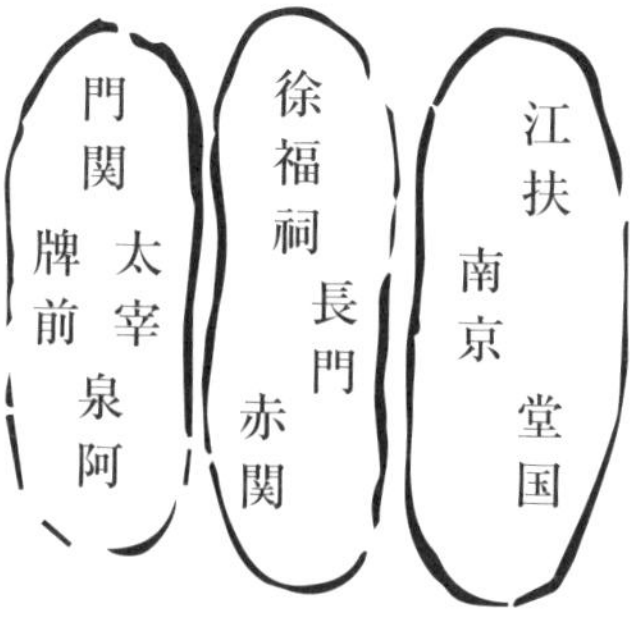

図４　『広輪疆理図』が描く日本の概念図

「下関」と関連があるとすれば現在の山口県で、中央の島は中国地方に当たることが想定できます。「徐福祠《じょふくのほこら》」という文字も見えますが、言うまでもなく、中国秦の時代に始皇帝の命を受け、不老不死の霊薬を求めて東方の蓬萊山《ほうらいざん》へ船出したという徐福伝説を踏まえてのものでしょう。徐福が到達した地については日本各地に伝説が残っており、ここに記されているのが具体的にどこかは特定できません。

右の島には「南京」という文字が見えます。「平安京」か「平城京」か。奈良が「南都」と呼ばれるのと関連するのかもしれませんが、いずれにしても畿内です。跋文にあるように、確かに簡略に描かれてはいますが、『混一疆理図』は、明らかに日本をいくつかの島からなる西から東へ延びる列島であると認識していたことがわかります。

一方、李沢民の『声教広被図』はどうでしょうか。明の嘉靖三四年（一五五五）、羅洪《らこう》先《せん》という人物が、『声教広被図』や同じく元代の朱思本《しゅしほん》の『輿地図《よちず》』、および明代のさまざまな地図を集めて編集して整理し直し、『広輿図』という書物を著わしました。その中に、『東南海夷図』と『西南海夷図』という見開き二頁にわたる図が収録されており、これが『声教広被図』の南半分に当たり、これも現存します。この図の日本も、『広輪疆理図』と同じく三つの細長い島として描かれています（図5）が、その左側には「平渡」「鳴子浦」と書かれた小型の島が一つ書き加えられ、その中に見える「平渡」は長崎県の「平戸」と思われますし、「鳴子浦」は熊本県天草市にある湾の名です。そして、三つの島のうち、左の島には『広輪疆理図』と同じ「太宰」「門関」「肥前」のほか、「豊前」「豊後」「肥後」も記され、九州地方がさらに詳しくなっています。一番上には「宗家」という文字も見え、対馬藩の宗氏を示しているものと思われます。

中央の島にも、『広輪疆理図』と同じく「徐福」「長門」のほか、「周長」は「長」が「長門」と重なりますが、「周」は「周防」、一番下に見える「讃」は「讃岐」でしょうか。上の「迎江」がもし「近江」だとすれば、中央の島は、中国・四国地方、近畿にまで及んでいることになります。右側の島にはこれまた『広輪疆理図』と同じく「南京」のほか、さらに「遠江」が見え、「美」は「美濃」、「尾没」は「尾張」、一番下に見える「信」は「信濃」に当たるのかもしれません。だとすれば、畿内からさらに東の中部地方、東海地方までが描かれていることになります。

三つの島に書かれた地名、および日本を取り巻く島の数は、ともに『混一疆理図』より多いのは、やはり、宮先生が指摘するように、『声教広被図』の方が『混一疆理図』より後発で、『混一疆理図』にもとづきながらも、新たな情報を付け加えたからなのでしょう。

この図も、九州地方から四国・中国地方、近畿、東海地方に至るまで、西から東に並ぶ島々からなる列島として日本を描いているのです。

このように、『混一疆理図』と『声教広被図』は、簡略ながらも日本を西から東へ延びる列島と正しく認識しています。『混一図』がもとにした二つの地図から考えるなら、古代の中国人が、九州を北に、畿内を南にという姿で日本列島を認識していたとは決して言えません。したがって、龍谷図を根拠に、邪馬台国は畿内にあったという主張は成り立たないとした杉山先生の指摘は正しかったことになります。

行基図との関連

じつは、古代の中国人は日本列島の姿を龍谷図に描かれたように認識しており、それを根拠に邪馬台国は畿内にあったのだとする考えには、もともと大きな事実誤認があるのです。『混一図』はあくまで李氏朝鮮で作られたのであって、中国で作られたわけではありません。朝鮮半島で作製された地図を根拠に、古代の中国人の地理認識を議論するのは無理があると言わざるを得ません。それでは、朝鮮半島の人々が日本列島の姿を誤って認識していたということなのでしょうか。

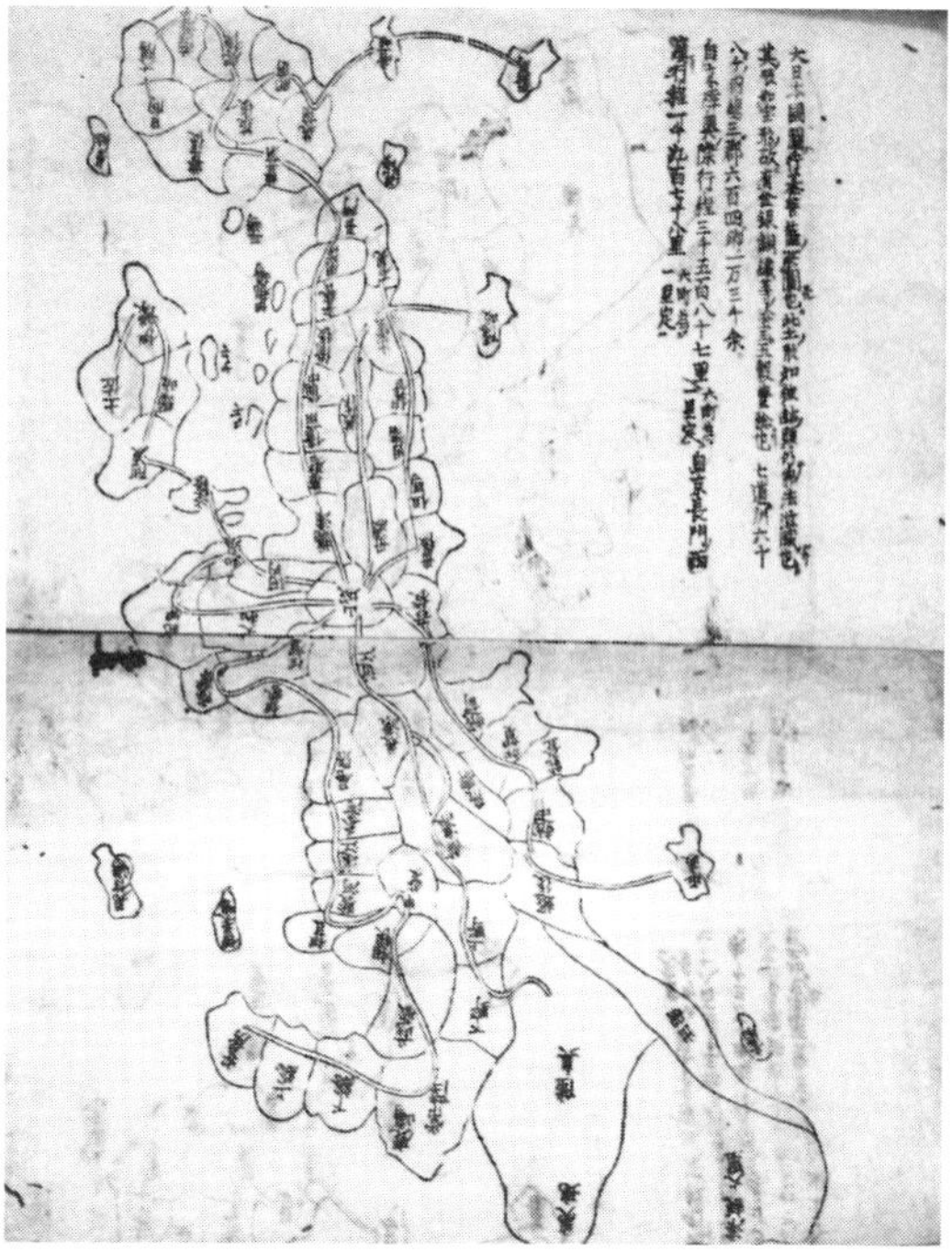

図６　『拾芥抄』の「行基図」（龍谷大学図書館蔵）

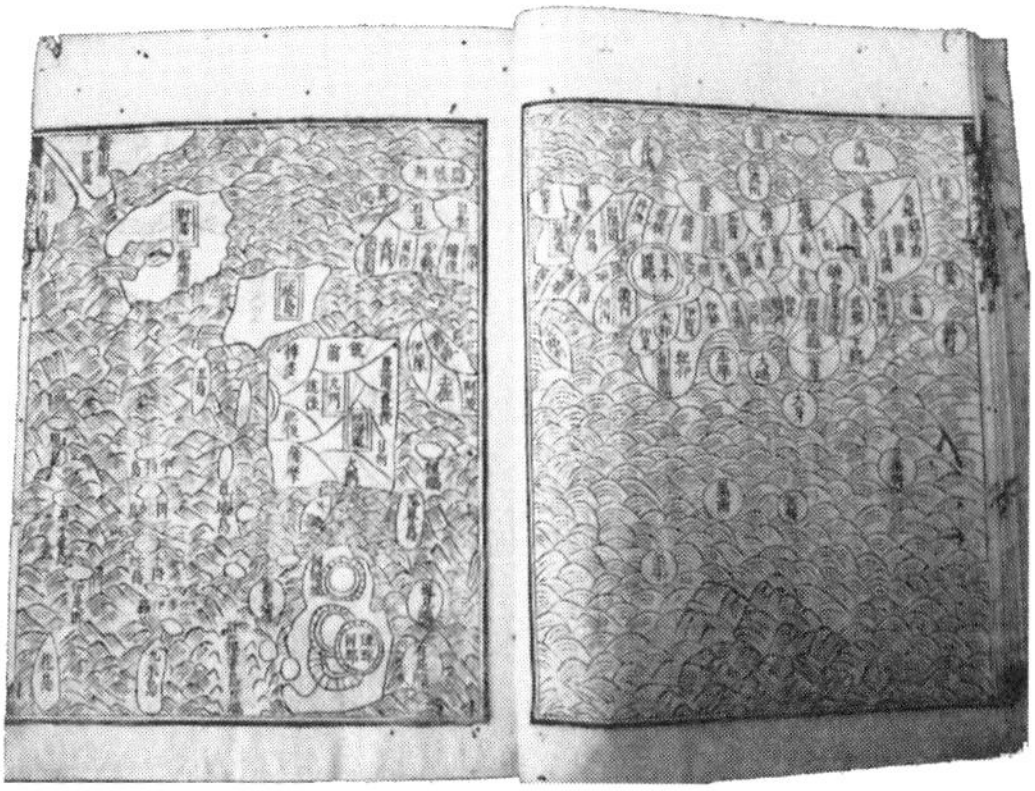

図７　「海東諸国総図」（帖『異称日本伝』：龍谷大学図書館蔵）

跋文によれば、『混一図』の作製に当たっては、権近のほかに政府高官の金士衡《きんしこう》・李茂《りぼう》および地図官吏の李薈《りわい》が参画し、実際に絵筆をとって図を描いたのは図画院の画員（画家）であったといいます。作製に当たってもとにした二つの地図に描かれた簡略すぎる日本を描き直すために、画員に与えられた日本全図とはどのようなものだったのでしょうか。

李氏朝鮮が受容していた日本全図とは、古くから日本で描き伝えられてきた、いわゆる「行基図《ぎょうきず》」と呼ばれる絵地図（図6）であった可能性が高く、それは、李氏朝鮮の成宗二年（一四七一）に申叔舟《しんしゅくしゅう》が撰進した『海東諸国記』所載の「海東諸国総図」（図7）の日本の姿が、日本の行基式の地図と類似していることなどから考えられます。

行基（六六七―七四九）は奈良時代の高僧ですが、溜め池や橋梁など、土木工事の指導者としての事績も伝承として語りつがれており、そこから測量とも結びつく地図の作製が行基と関連づけて語られるに至ったと思われます。つまり、実際に行基が作ったかどうかはともかく、そのような伝承のある日本全図が、その後長く流布するようになったということなのでしょう。現存する行基図としては、江戸時代初期の慶長版（一五九六―一六一五）『拾芥抄《じゅうかいしょう》』所収の日本図が知られていますが、これは、西を上にすべての地名が記入され、しかも方位の明示のないものでした。図を見てみますと、確かに龍谷図の日本と極めて類似しています。前述の「海東諸国総図」が龍谷図系統の絵地図を基本としたことは、京都大学の地理学者、応地利明《おうじとしあき》先生によってすでに指摘されています。

『混一図』に新たな日本像を描くために画員に与えられたのは行基図であったのです。初版が作製されて以降、その都度新たな地理情報を取り入れ、修正が加えられたことはすでに述べましたが、日本の姿も改訂作業の段階で本来の形に描き直されたのでしょう。その証拠に、日本が逆立ちしたような姿になっているのは、初版の形を残していると思われる最も古い龍谷図だけで、その後の改訂版と考えられる本光寺図、本妙寺図、天理大学図では日本がほぼ実情通りに、西から東に横たわる列島として描かれているのです。

前述の清濬は仏典に通暁するだけでなく、詩文も巧みで幅広い知識を身につけ、明朝の時代になると朝廷にもその名は知れわたり、江南の禅僧として当時最も高い評価を受けていたといいます。彼が『混一疆理図』を作製した時には慶元路にいました。その地はかつての明州であり、後に寧波《ニンポー》という名で知られ、日本との交流が深いことで知られています。一三〇〇年代には、多くの商人がこの地を根拠地に日中間を行き来しており、そのような商人たちから地理的な情報を得たことは想像に難《かた》くなく、日本の姿を誤ってとらえるということは考えにくいでしょう。一方の『声教広被図』の李沢民も呉門（平江路、現在の蘇州）の出身で、こちらも長江デルタの中心部に位置する町であり、海上交流の要衝と言えます。同じく日本の情報は入りやすかったはずです。以上のように考えれば、「邪馬台国論争」との関わりは決着がつくのではないでしょうか。

三　『混一図』に描かれる交易路から見える「世界」

『混一図』に見るモンゴル高原の諸都市

かつて私は、『混一図』に描かれる、モンゴル帝国根幹の地、モンゴル高原の地名について検討したことがありました。その中で、『混一図』が重要な地として円形や四角形のマークで囲んだいくつかの地名に注目しました（図8）。たとえば、「和寧《わねい》」という地を円形でマークしているのですが、それは、チンギス・カンの後を継いだ第二代皇帝オゴデイが、一二三五年にモンゴル高原の中心地オルホン渓谷に建設したカラコルムを指しており、この地は、一二六〇年に即位した第五代クビライが大都《だいと》（現在の北京）に都を遷《うつ》すまで、モンゴル帝国の首都であった城市なのです。重要な地としてマークするのは当然のことでしょう。

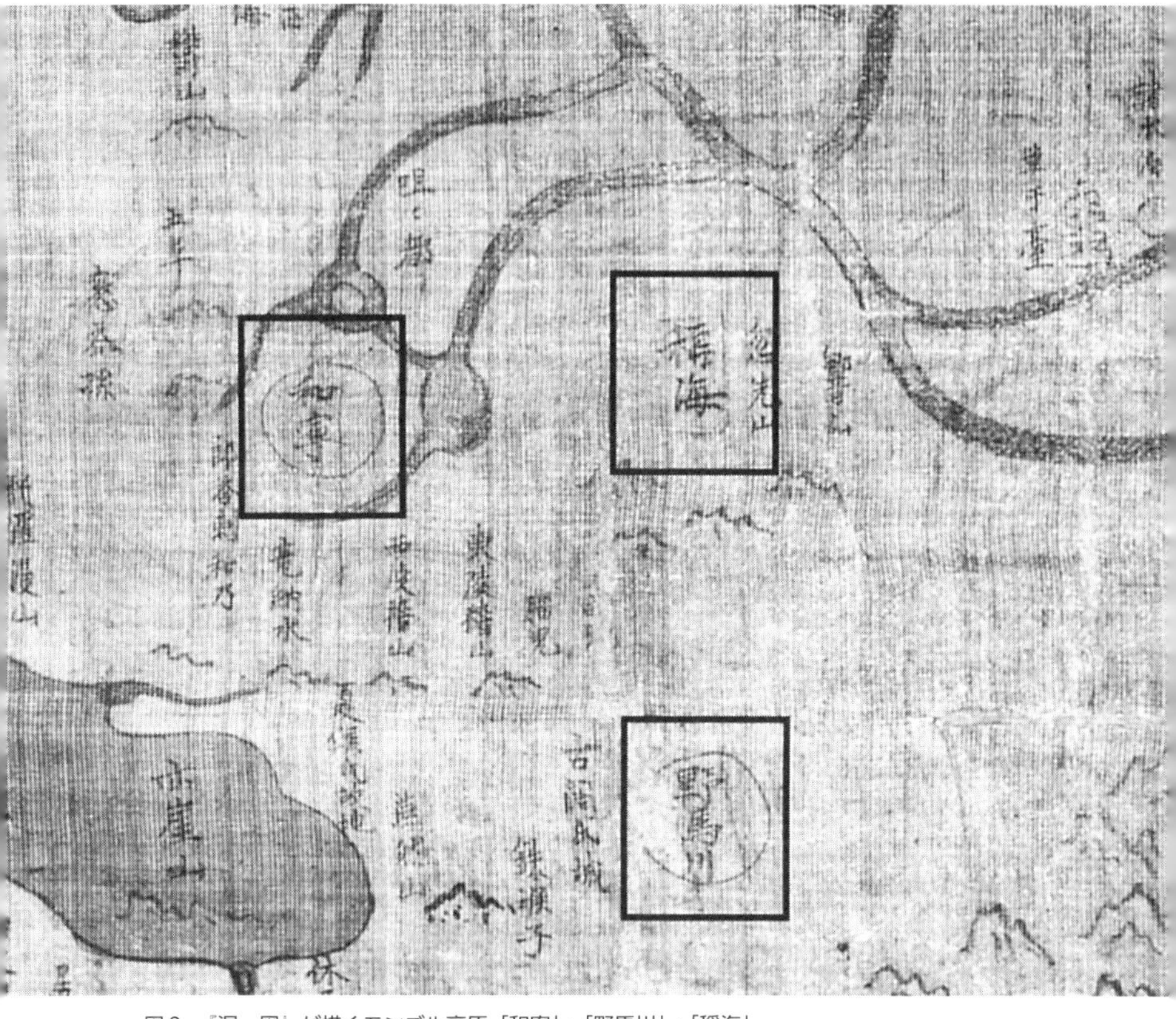

図８　『混一図』が描くモンゴル高原「和寧」・「野馬川」・「稱海」

しかし、『混一図』が示すモンゴル高原には、円や四角で囲まれ、重要と認識されていたと考えられる地名がほかにもあります。それが「野馬川《やばせん》」（「川」は平原の意味）、そして「稱海《ちんかい》」という地です。カラコルムに比べてあまり知られていないこの二つの地は、なぜ重要と認識されたのでしょうか。じつはどちらの地も交通の要衝だったのです。「野馬川」という地名は、当時の漢籍史料に散見し、カラコルムに都を置いたオゴデイ以来、歴代皇帝の冬営地として知られる「オンギの離宮」があった地です。この離宮は、カラコルムの遺跡の南方、オンギ河流域にあるシャーザン・ホト遺跡に比定されています。「シャーザン・ホト」すなわち「陶磁器の街」と現地の人々が呼ぶように、中国産の陶磁器片が散乱する地で、この地がモンゴル帝国時代、カラコルムと漢地を結ぶ交易路あるいは軍用路である「モリン（馬の）道」にある重要な拠点だったことがわかっています。また、この交通路は、モンゴル帝国時代よりもずっと前、すでに唐代にも盛んに用いられていたことも知られています。

一方、「稱海」は通常「稱海屯田《とんでん》」と呼ばれ、一二一二年、チンギス・カンの重臣である田鎮海《でんちんかい》が、チンギス・カンの命によりアルタイ山脈北麓に建設した軍事基地で、「稱海」は「鎮海」の異字音写です。ここには鎮海の居城も築かれ、「チンカイ城」と呼ばれました。チンカイ城は一二一九年からおこなわれたチンギス・カンの中央アジア遠征の拠点となり、元朝成立以降も、中央アジアに自立した反クビライ政権のモンゴル勢力に対する前線基地としても重要な意味を持っていました。しかし、その位置については古くから論争があり、定説はありませんでした。近年、このチンカイ城は、現在のゴビアルタイ県シャルガ郡にあるハルザンシレグ土城遺跡に当たることを、私もメンバーである日本・モンゴル共同調査隊がつきとめています。そして、何度かのハルザンシレグ遺跡の調査によりさまざまなことがわかったのです。たとえば、採取された陶磁器片や土器片の専門家による鑑定、さらには骨片や木片の放射性炭素年代測定法による分析などから、チンカイ城はモンゴル時代になって初めて築かれたものではなく、五、六世紀頃からすでに使われていたことが明らかになりました。田鎮海という人物は、東西交易で唐王朝の終わりごろから活躍するウイグル商人の一族であったと考えられ、彼らは、シルクロード交易の重要な経路に当たる天山地方の交易網を掌握したウイグル王国の保護のもと、活発な商業活動を展開していました。ウイグル王国もその交易の利潤によって栄えたのです。一般に「シルクロード」と言えば、たとえば唐の都・長安から西へ、いわゆる「河西回廊《かせいかいろう》」を通って河西地方の西端の敦煌《とんこう》を経由して中央アジアへ向かう道が連想されると思いますが、じつは、モンゴル高原を経由した交通路も頻繁に用いられていたのです。チンカイ城も野馬川と同様、もともと唐代からの交易路上に位置し、アルタイを越え、中央アジアへ向かうモンゴル高原側の交通路の要衝として古くから機能しており、鎮海はそれを再利用したに過ぎなかったと考えられます。なお、チンカイの地は、実際はカラコルムの西に位置するのですが、『混一図』は、「稱海」をカラコルム（和寧）の東に描いています。それが何か意味のあることなのか、あるいは単なる誤記なのか、今のところ成案がありません。

『混一図』には、中央アジアの重要都市ビシュバリクの周辺に、唐代を中心とする古地名がひろく散在し、黄河の屈曲線、万里の長城の位置も、唐代の地図を引き継いでいます。さらに、地図に示される野馬川から南下すると、「西受降城」「中受降城」「東受降城」という地名に行き当たりますが、これらの城も、唐代においては漢地に入る際の著名な軍事拠点であり、交易の窓口でもありました。唐代に活躍したウイグル商人たちは、モンゴル時代に至るまで、北中国からモンゴル高原へ、さらに中央アジアへというルート上で活動を続けていたわけです。これらのことを踏まえれば、『混一図』に示される中国北辺からモンゴル高原、そして中央アジアに至るまでの地名は、ウイグル商人たちの知識によるものであり、「シルクロード」の繁栄を背景に記されていたものだと考えられるのです。（図9）

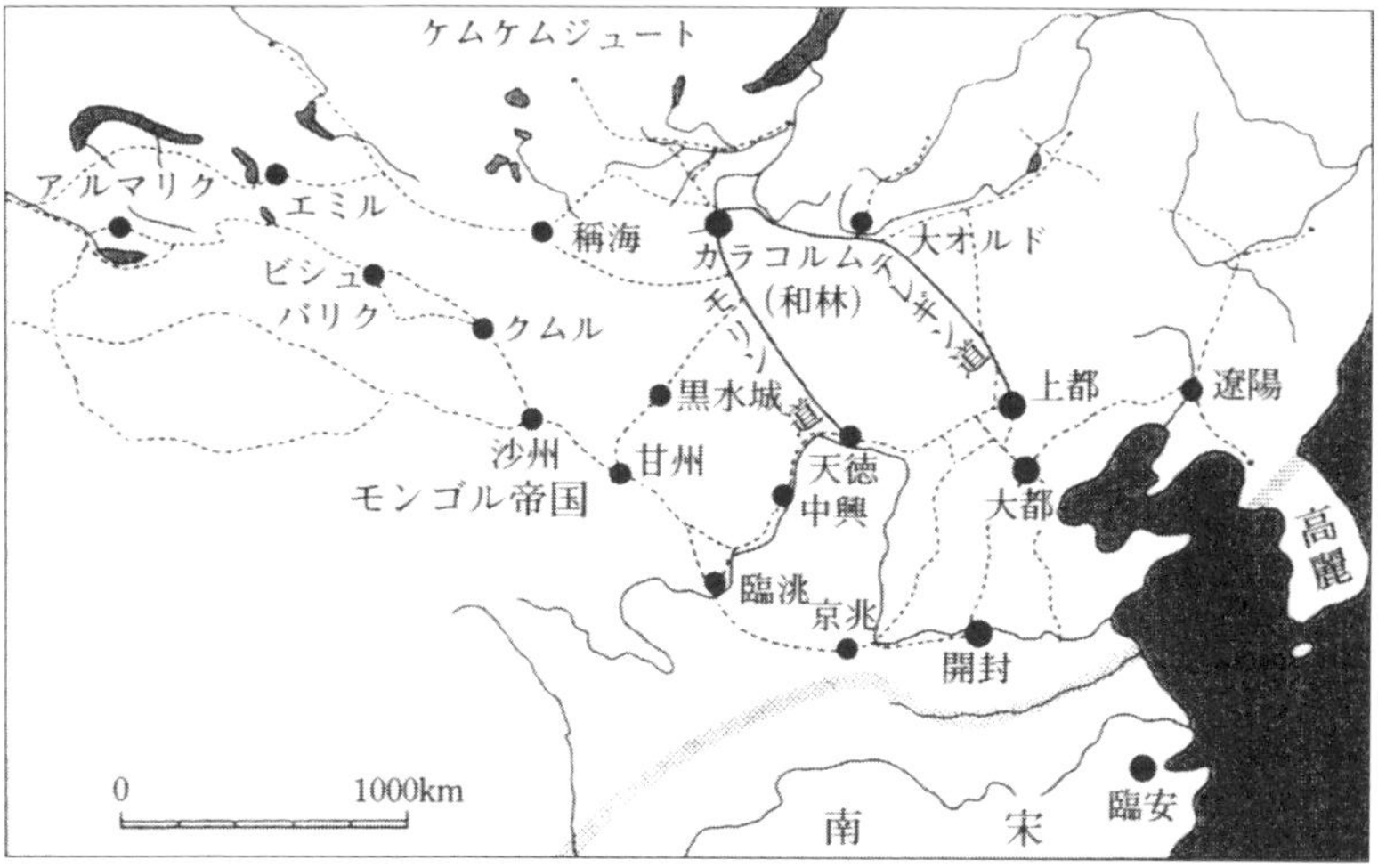

図9　モンゴル・元朝の主要交通路（白石 2001：140）

このように、『混一図』が描くモンゴル高原にある円形や四角形でマークされた地は、それぞれ交易ルートの重要な拠点だったのです。商業ネットワークの経路を手中に収めたモンゴルは、交易の利潤を手にするだけでなく、その道をたどって世界に拡大する足場を築いたと言えます。野馬川を経由する交易路をたどって北中国へ、チンカイを経由する交易路をたどって中央アジアへとモンゴルは拡大しました。交易路を軍事路として利用する意味は大きく、もちろん、これには古くから各地で商業活動をしていた商人の協力が不可欠だったのです。

しかし、帝国の拡大で得をしたのはモンゴルだけではありません。遠隔地交易に携わる商人にとって、交易活動をおこなう経路がいくつもの国や勢力に別れているのは決して望ましいことではありません。国境を越える時にはいつも危険がつきまといますし、国境で高額な関税をかけられることもあるでしょう。商人たちにとっては、安全な交易活動とローリスクの経済活動のためには、広域を支配する強力な国家の誕生が望ましかったのです。圧倒的な軍事力で敵対する者を次々と倒して拡大したように思われがちなモンゴル帝国ですが、その支配に期待を寄せ、彼らと一体化することを望んだ者たちもいたのです。『混一図』が示す国境のない世界、そこに記される地名、それらはその一端を気付かせてくれると言えます。

『混一図』に描かれた海岸線

次にモンゴル高原から一気に南下し、海岸線を見てみましょう。『混一図』の特徴について よく指摘されるのは、これまでの地図に比べて海岸線が詳しく描かれているという点だと思います。同時期にヨーロッパで作られた世界図、たとえば、一三七五年に作製されたといわれるカタロニア地図などと比べても、その点は際立っています。モンゴル帝国時代の地図をもとに、十五世紀初頭につくられた『混一図』の海岸線が詳しいというのはどういうことなのでしょうか。海上交易という面から考えてみましょう。

皆さんは、「明治維新以前、日中交流が最も盛んであったのはいつか?」と問われれば、何と答えるでしょうか。おそらく、多くの人は、「遣唐使」があったので、唐代、日本では奈良・平安時代に当たる八世紀から九世紀末、あるいは、「勘合貿易《かんごうぼうえき》」がおこなわれた明代、日本では室町時代に当たる十五、十六世紀と答えるのではないでしょうか。しかし、考えてみると、遣唐使が派遣されたのは六三〇年から八三八年の間で、十九回計画され、そのうち三回が中止でしたから(八九四年に計画された二十回目も菅原道真《すがわらのみちざね》の建言によって中止になり、そのまま廃止となった)、実質二百八年に十六回、十三年に一度ですし、勘合貿易にしても一四〇一年から一五四七年の間に十九回、七、八年に一度にしか過ぎません。しかも、唐も明も厳格な律令制度が施行され、交易による利益は国家の独占が基本であり、私貿易は禁止されていました。これでは、交流が盛んであったとはとてもいえません。

じつは、最も盛んであったのは、モンゴルが中国を支配していた元朝の時代、日本では鎌倉時代である十三、十四世紀なのです。この時代は二度にわたる「元寇《げんこう》(蒙古襲来)」があり、そんなはずはないとお思いになる方も多いのではないでしょうか。しかし、これは紛《まぎ》れもない事実なのです。では、なぜそう認識されないのでしょうか。

そもそも、これまで遣唐使の廃止と言えば、唐の衰退と航海の危険などを理由に、八九四年に菅原道真によって建言されたものとされてきました。「八九四(はくし=白紙)に戻そう遣唐使」と言って覚えたという方も多いでしょう。しかし、近年、実際は、九世紀後半、唐の律令が形骸化し、民間商船の往来が頻繁となり、国家がわざわざ多額の費用をかけて、船を出す理由がなくなっていたからだということが指摘されています。事実上の最後の遣唐使になったのは八三八年(承和五年)のいわゆる「承和《じょうわ》の遣唐使」であって、その後、五十五年もおこなわれなかった遣唐使を、久しぶりにやろうとして、それが道真の建言によって中止になったからと言って、遣唐使廃止が八九四年というのもおかしな話です。

唐代末期、九世紀半ばの東アジアの海域は、新羅《しらぎ》商人、イスラム商人の活動が盛んで、それに唐や日本の商人が触発され、たいへんな活況を呈していました。実際、この頃、比叡山延暦寺の僧侶たちが、遣唐使がおこなわれなくなった日中間の海域を何度も何度も往来しているのです。最澄の後継者の一人として有名な円仁は、前述の承和の遣唐船で唐に渡りましたが、帰りは民間の商船で帰ってきていますし、園城寺《おんじょうじ》（三井寺《みいでら》）の開祖となった円珍の往復も、遣唐船ではなく商船によるものでした。

遣唐使の廃止は、このような当時の東アジア海域の実情をよく認識していた道真の慧眼《けいがん》によるものだったのです。「唐の衰退と航海の危険」などと言うのは、朝廷の面子《めんつ》を考えた建前に過ぎません。なんせ、唐はすでに八世紀半ばの「安史《あんし》の乱」以降百年以上も衰えっぱなしであるのに、その間も遣唐使は続けられてきましたし、また、航海の危険など、遣唐使が始まった時から危険だったのですから、今さらわざわざ言うのもおかしな話です。民間商船の往来が頻繁となり、国家がわざわざ多額の費用をかけて船を出す理由がなくなっていたというのが本当のところだったのです。

その後も民間商船の活動は盛んになり、ピークに達したのが、モンゴルが中国を支配した元朝の時代、日本では鎌倉時代だったのです。そのことをよく表わしているのは元朝時代に日本から中国に渡った僧の数です。歴史学者で常葉《とこは》大学の創立者でもあった木宮泰彦《きみややすひこ》先生の研究によれば、一二九六年以降、入元を果たした僧は記録に残っているだけで二百名以上にのぼり、彼らのほとんどが民間の商船で元に渡ったというのです。いかに民間の商船が日中間を往来していたかがわかるでしょう。

それなのになぜ日元交流は一般的に認識されていないのでしょうか。理由は二つあると思います。まずやはり何と言っても、先ほども申し上げた二度にわたる「元寇」があり、元と日本は敵国という先入観があるからでしょう。そして、日元交易は民間主導であったということもあると思います。教科書などでは、民間主導のものは軽く扱われるか、無視される傾向にあります。それに比べて、遣唐使や勘合貿易などのような国家主導のものは大きく扱われ、こうして、日元交流の隆盛は忘れ去れることになったのです。

さらに元朝時代は民間の交易だけでなく、日本からは多くの「寺社造営料唐船《じしゃぞうえいりょうとうせん》」が派遣されています。有名な天龍寺船（一三四二年）や一九七六年に韓国の全羅南道新安沖で発見された沈没船で有名な東福寺造営料唐船（一三二三年頃）、そのほかにも、現横浜市金沢区にある称名寺（一三〇六年）、鎌倉の極楽寺（一三一五年頃）や建長寺（一三二五年）、大阪の住吉神社（一三三二年）などの造営料唐船が元に派遣されたのです。日中交流史上、この時代の持つ意義がもっと認識されてもよいのではないでしょうか。

さらに、『混一図』の海岸線を遠く西方にまで目を向けてみましょう。明王朝の第三代永楽帝（在位、一四〇二―二四）に始まる鄭和《ていわ》の南海大遠征はご存じだと思います。一四三四年まで前後七回にわたり、東アフリカにまで到達しています。この頃、中国はアフリカまでの航路を把握していたということを示すものと言われますが、実際は、すでにその前のモンゴル帝国時代に完成していたユーラシア大交易圏の航路をたどったものに過ぎません。有名なマルコ・ポーロがその帰還の際、すでに一二九〇年代に鄭和とほぼ同じ経路をたどってホルムズ海峡まで行っているのです。モンゴル帝国は、先にもお話したように陸の交易路を重要視しました。遊牧民である以上それは当然のことだったのかもしれませんが、『混一図』の詳しい海岸線は、海上交易の重要性も認識していたことの表われだと考えてよいでしょう。モンゴル帝国は「海の帝国」でもあったのです。

十六世紀以降、西ヨーロッパの国々が、航路を開拓したと称して、次々とアジアへ進出したことを「地理上の発見」と言いますが、その航路は、この時初めて西欧諸国が開拓したものではありません。アジアの人々が古くから使って交流を進めてきた海の道を、逆に西から利用したに過ぎないのです。『混一図』が描く海岸線は、そのことを明確に物語っています。

『混一図』にはアフリカの姿が現実に近い姿ではっきりと描かれています。『混一図』の完成は、ポルトガルのバルトロメウ・ディアスがアフリカ南端の喜望峰に到達した一四八八年をさかのぼること八〇年以上も前、李沢民の『声教広被図』にもアフリカの姿があったと考えられますので、さらに四〇年さかのぼることができるかもしれません。前述のカタロニア地図にアフリカの南端などは描かれていません。アジアでは、ヨーロッパより一二〇年も早く「喜望峰」が知られていたことになるのです。アジア人は、ヨーロッパ人より早く「世界」を認識し、海を舞台にした交易に目を向けていました。これも『混一図』から知ることができる重要な歴史事実と言えます。

四　仏教における世界認識の研究に向けて

すでに述べたように、『混一図』のもとになった図の一つ、『混一疆理図』の作者である清濬は、仏教だけではなく、幅広い知識を身につけた禅僧でした。彼は台州路黄岩県（浙江省台州市）の人で、俗姓は李氏、十三歳で仏門に入り、杭州の古鼎祖銘《こていそめい》禅師や高僧恕《じょ》中《ちゅう》無慍《むうん》のもとで学んだといいます。『混一疆理図』は、一三六〇年、清濬が慶元路の阿育《アショカ》王寺の仏照祖庵《ぶっしょうそあん》に籠《こも》っていた時に作製されました。また、『混一図』がもとにしたと跋文に書かれてはいませんが、関連性が指摘されている他の地図があります。それは、南宋の仏僧である志磐《しばん》が一二六九年に著わした『仏祖統紀《ぶっそとうき》』に載せられている地図です。『仏祖統紀』には十二幅の地図が載せられており、その中に、中華とその周辺世界、中央アジア以西の世界、インド世界など、世界認識に関わる地図が含まれ、その一つ「東震旦《ひがししんたん》地理図」（「震旦」は中国のこと）には南宋と交流の深かった日本も描かれています。ただし、『混一疆理図』や『声教広被図』よりも古い時代の作であるだけに、日本の描き方はさらに簡略です。しかし、志磐といい清濬といい、地図を描いたのが仏僧であり、これが世界地図としての『混一図』に繋がっているということは重要だろうと思います。

考えてみれば、日本においても、古くから使われてきた日本図が、行基という僧の作と伝わるなど、地図をつくるという行為が僧侶と結び付けられています。このことはたいへん注目すべき事象ではないでしょうか。人類史上、自らが暮らす「地」、さらに広くそれ

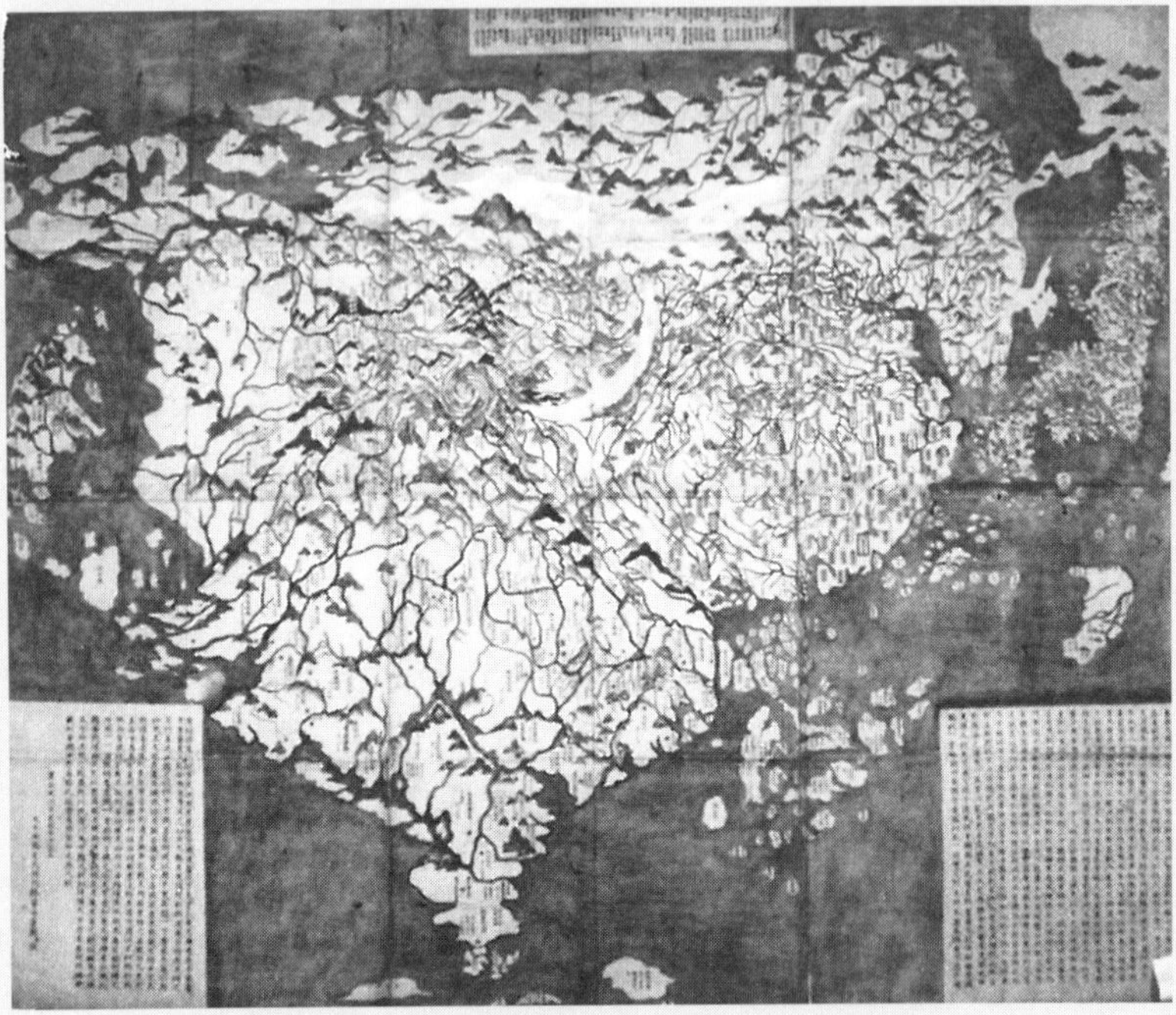

図 10　『南瞻部洲萬国掌菓之図』（龍谷大学図書館蔵）

を取り巻く「世界」というものを認識しようとする試みが、仏教から生まれ、僧侶たちによって形として表現されているということなのです。世界最古の世界地図といわれる『混一図』系統の図が、西本願寺、本光寺、本妙寺という寺院に所蔵されてきたということも無関係ではないでしょう。

仏教は古くから「世界」を意識し、さまざまな仏教的世界観を表わす世界図が生み出されてきました。代表的なものとしてよく知られるのは、「須弥山《しゅみせん》世界観」、あるいは「五天《ごてん》竺図《じくず》」などでしょう。それらは、現実の世界像認識への道が開かれるきっかけとなり、ついには世界地図として『混一図』の完成に繋がったのです。

『混一図』の後の図として、『南瞻部《なんせんぶ》洲《しゅう》萬国《ばんこく》掌《しょう》菓之図《かのず》』というものがあります（図10）。これは、日本で初めて刊行された仏教的な世界地図で、江戸中期に、華厳宗の僧侶鳳潭《ほうたん》（浪華子）が作製したものです。「南瞻部洲」というのは、仏教でいう「現世」のことで、その逆三角形の地形や北部山岳地帯から東西に流れる大河などは古代インド人の世界観を表わし、その北東部にはヨーロッパも描かれ、仏教の世界観にヨーロッパからの地理情報を重ねた世界地図だといわれています。

龍谷大学元教授で東京大学名誉教授の濱下武志《はましたたけし》先生は、この図が『混一図』の影響を受けているのではないかという考えをお持ちです。私は、これは先生の慧眼だと思っています。ヨーロッパからの地理情報だけではなく、地図全体の構図、そして日本の周辺、その北部や南部にも詳細に島々が見られるなど、先生のご指摘のように、『混一図』の影響を考えなくてはならないように思えます。だとすれば、冒頭に龍谷図の日本への伝来に関して、豊臣秀吉説と大谷光瑞師説を申し上げましたが、江戸時代にすでに何らかの形で、日本に『混一図』があったことも考えなくてはならないかもしれません。

いずれにしても、現実の世界を表わす世界地図の誕生に、仏教が果たした役割は大きかったことは間違いありません。そして、古くからあった仏教的世界観を表わした図から世界地図『混一図』へ、さらに現実の世界を踏まえた新たな仏教系世界図の作製へ、その経緯は今後の研究課題として重要です。そのような観点から、仏教系世界図と『混一疆理歴代国都之図』との比較検討を進めることが大切であるということを申して、私の話を終わらせていただきたいと思います。本日はありがとうございました。

参考文献

海野一隆『地図に見る日本――倭国・ジパング・大日本』(大修館書店、一九九九年)。

応地利明『絵地図の世界像』（岩波新書、一九九六年）。

木宮泰彦『日華文化交流史』（冨山房、一九五五）。

ジェリー・ブロトン（西澤正明訳）『世界地図が語る12の歴史物語』（バジリコ、二〇一五年）。

白石典之『チンギス・カンの考古学』（同成社、二〇〇一年）。

白石典之『モンゴル帝国史の考古学的研究』（同成社、二〇〇二年）。

白石典之『チンギス・カン――〝蒼き狼〟の実像』（中公新書、二〇〇六年）。

杉山正明『世界史を変貌させたモンゴル――時代史のデッサン』（角川書店、二〇〇〇年）。

杉山正明・宮紀子ほか『ＮＨＫスペシャル 文明の道5 モンゴル帝国』（ＮＨＫ出版、二〇〇四年）。

杉山正明ほか編『大地の肖像――絵図・地図が語る世界』（京都大学学術出版会、二〇〇七年）。

趙　志衡「『混一疆理歴代国都之図』におけるアフリカ――比較史的検討」（平成二三年度―二五年度研究費補助金〈挑戦的萌芽研究〉「『混一疆理歴代国都之図』の歴史的分析――中国・北東アジア地域を中心として」〈研究代表者：龍谷大学准教授・渡邊久〉研究成果報告書〈以下、『混一科研報告書』と略〉、二〇一四年）。

濱下武志「海洋から見た『混一疆理歴代国都之図』の歴史的特徴――龍谷大学蔵『混一疆理歴代国都之図』が示す時代像」『混一科研報告書』、二〇一四年）。

宮　紀子「『混一疆理歴代国都之図』への道――十四世紀四明地方の「知」の行方」（『モンゴル時代の出版文化』名古屋大学出版会、二〇〇六年）。

宮　紀子『モンゴル帝国が生んだ世界図』（日本経済新聞出版社、二〇〇七年）。

村岡　倫「モンゴル西部におけるチンギス・カンの軍事拠点――二〇〇一年チンカイ屯田調査報告をかねて」（『龍谷史壇』一一九・一二〇、二〇〇三年）。

村岡　倫「チンカイ城と長春真人アルタイ越えの道――二〇〇四年現地調査報告をかねて」（『龍谷史壇』一二六、二〇〇七年）。
村岡　倫「モンゴル高原から中央アジアへの道――十三世紀のチンカイ城を通るルートをめぐって」（菊池俊彦編『北東アジアの歴史と文化』北海道大学出版会、二〇一〇年）。
村岡　倫「『混一疆理歴代国都之図』に見えるモンゴル高原の諸都市」（『混一科研報告書』、二〇一四年）。
村岡　倫「世界最古の世界地図『混一疆理歴代国都之図』と日本」（『龍谷大学仏教文化研究センター二〇一五年研究報告書』、二〇一六年）。

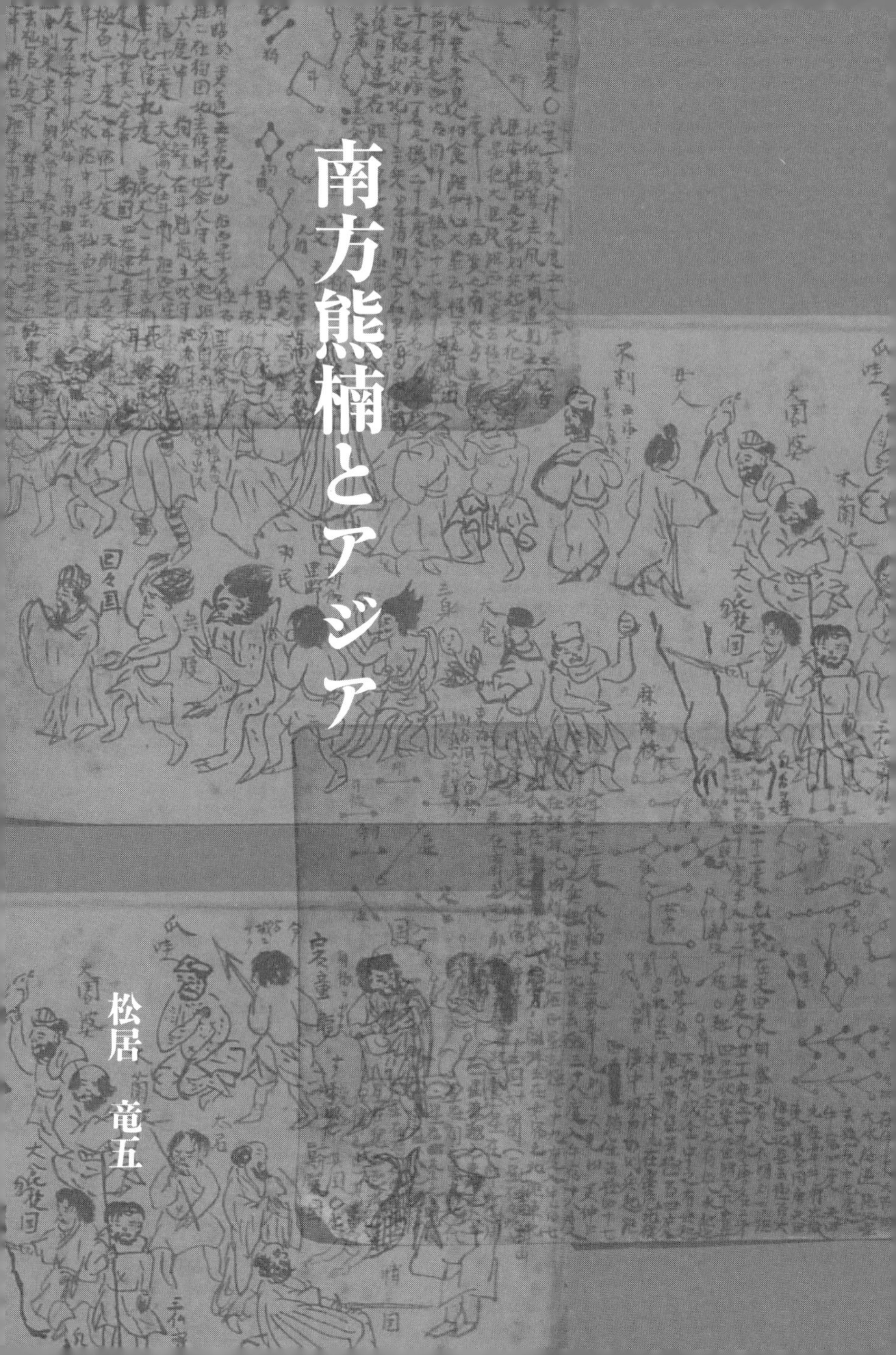

南方熊楠とアジア

松居　竜五

(Cygne, 1878.)

1 ½ J. Moura, Le Royaume du Cambodge, i. 4
(April 1895)
2 ~~Cochinchine~~ Française. Excursions et Reconnaissances, No. 16. p. 170-87. (Aymonier, Notes sur les Coutumes et croyances superstitieuses des Camb
R.P. 3807. ah. Saigon. 8°

1 2 tom. Paris, 18[82] 83 80. 2356 h

~~de tout temps, et jusqu'au règne actuel~~

Ces cadeaux étaient destinés au roi du feu, qui les acceptait toujours et répondait par une politesse analogue en envoyant réciproquement à son auguste frère du Camb un pain de cire énorme et deux grandes c l'une pleine de riz et l'autre de sésame y ajoutait quelquefois un peu d'ivoire et cornes de rhinocéros. Au centre du pain cire, on remarquait l'empreinte du gros doigt main du roi du feu. On sait que c'était l'u dans l'Inde, usage suivi encore de nos jo au Cambodge, de garder avec soin l'empreinte pieds et des mains des personnes que l'on estimait que l'on aimait le plus. Les sauvages conserv sur la cire des empreintes de ce genre et l'envo l'empreinte d'un doigt de sa personne sacrée de la part du roi du feu, un témoignage n équivoque de considération pour celui auquel était destinée. 火王 抽大川柑 舎之. [p. 435]

L'ancien royaume Khmer, au temps de sa grand éclat, s'étendait du 9° degré de la nord jusqu'au 15°, c'est-à-dire depuis la

はじめに

今年、生誕百五十周年を迎える南方熊楠《みなかたくまぐす》（一八六七―一九四一）という人物に関する理解は、近年になって大きく進展してきました。以前は、毎日二升の酒を飲んだとか、年中裸で暮らしたとか、十八カ国語を自由に使いこなしただとか、そうした虚実入り交じった奇人学者としての面ばかりが強調されてきたのですが、最近では資料に基づいた実像が明確になってきました。

これには、一九九〇年代の初めから、二十年以上かけて私たち研究者のグループが和歌山県田辺市の南方熊楠旧邸で進めてきた調査による部分が大きいと思います。さまざまな専門の研究者が加わった調査の結果、論文には書かれることの少なかった熊楠の思想の実態を示す私信やノート、草稿や蔵書の書き込みなどが明らかになりました。二〇〇六年には旧邸の隣地に南方熊楠顕彰館が開館し、熊楠の残した膨大な資料や蔵書を、一般の利用者に提供できる体制が整いました。

そうした一次資料の整備に基づいて、二〇一六年の十二月に『南方熊楠――複眼の学問

「ロンドン抜書」第一巻第一頁に筆写されたムーラ『カンボジア王国』（南方熊楠顕彰館蔵）

構想』（慶應義塾大学出版会）という本を刊行することができました。この本では、南方熊楠という人物がどのようにして学問的な研鑽を積み、これほどまでにユニークな学問を作り上げたのかということに焦点を当てて分析しています。この本によって、古今東西の文献を駆使しながら、同時代の西洋の学問の流れを鋭く見据えていた熊楠の学者としての本分を、これまで以上に正確にとらえることができたと感じています。その中から今回は、「南方熊楠とアジア」というテーマで、ここまでわかってきたことについてお話ししたいと思います。

一　幼少期に愛読した和漢の書物

南方熊楠についてまず言えることとは、彼が時代の転換期に生きたことの重要性です。熊楠が生まれたのは一八六七年、慶応三年ですが、これは明治維新の前年に当たります。その頃、熊楠が生まれ育った紀州藩の城下町和歌山には、まだまだ江戸時代の雰囲気が残っていたと思われます。たとえば、熊楠が幼少期に読んだ本は、そのほとんどが幕藩体制の時期に流通していた日本や中国の書籍でした。

南方熊楠の肖像（1892 年、24 歳の時。南方熊楠顕彰館蔵）と和歌山県田辺市の南方熊楠顕彰館

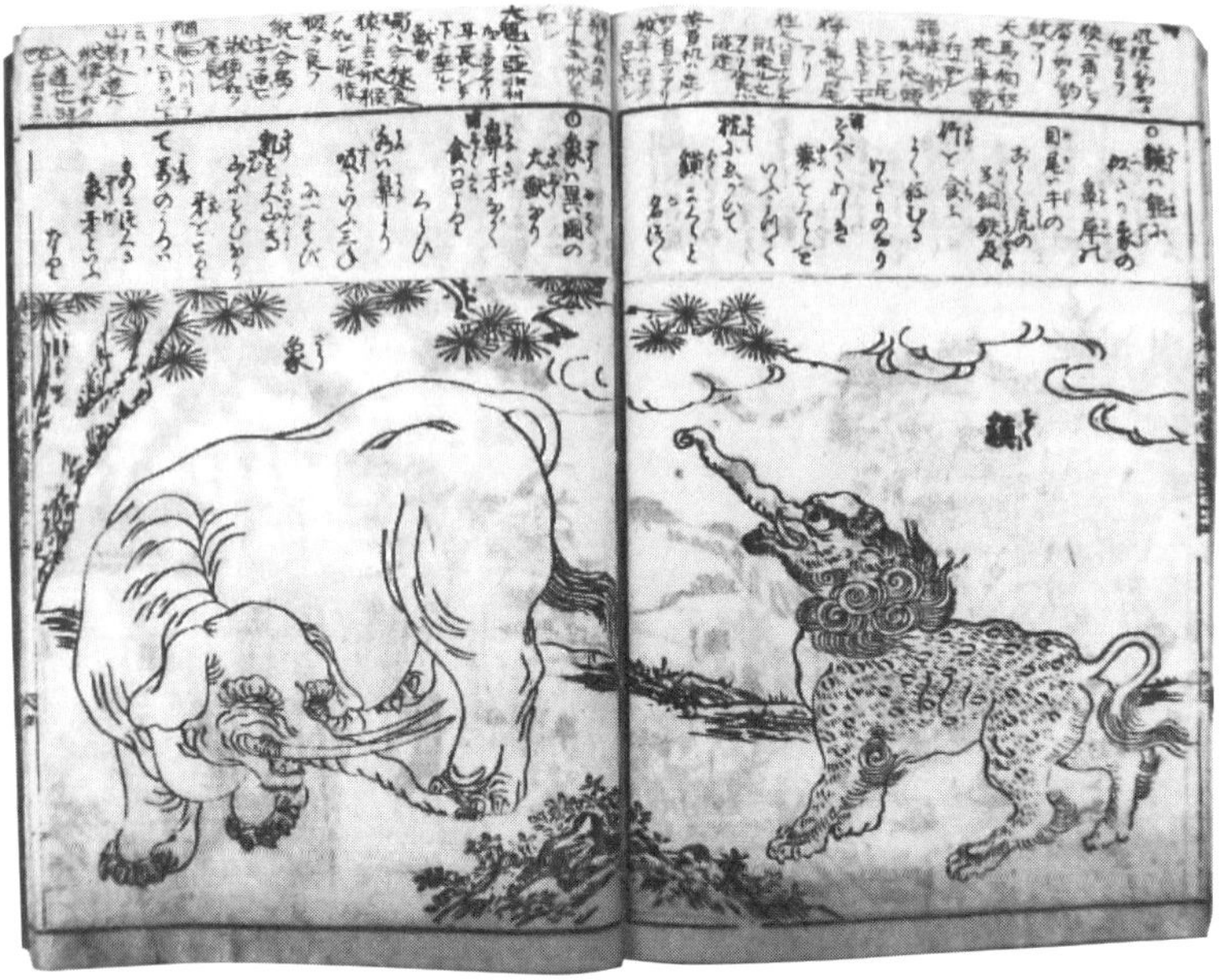

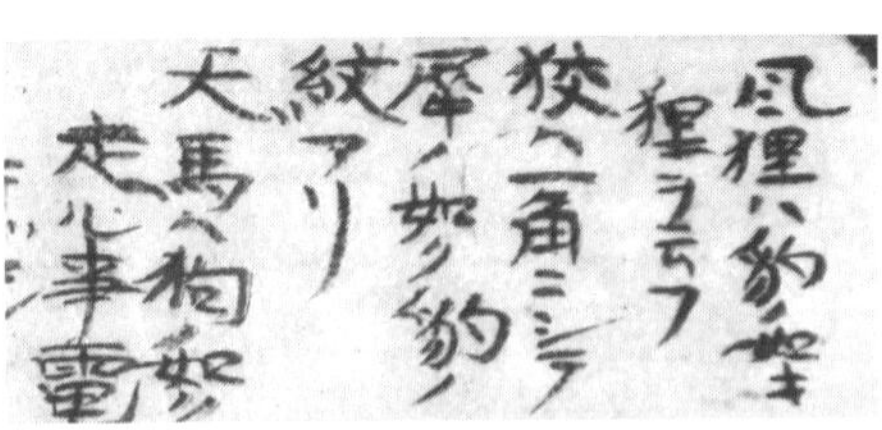

南方熊楠旧蔵の『頭書増補訓蒙図彙』「獏《ばく》」「象」の部と右上欄外の書き込み部分（南方熊楠顕彰館蔵）

幼い頃、寺子屋で漢文を学んでいた熊楠は、前近代の中国や日本で書かれた博物学書にまず熱中します。中でも、七歳の時に、三十銭で売られていた『訓蒙図彙《きんもうずい》』を買ってもらって、手習いの手本としたことは、人生の後々まで続く大きな影響を受けたできごとだったようです。

予は神童の聞えあり、かつそのころ多忙切迫の家計なりしうちにも、店先に売りしブリキ板と釜鍋などに符丁入るる鉄朱《べんがら》にて、紙屑買いが商売の鍋釜等包む料にとて荷ない来たりし中村惕斎先生の『訓蒙図彙』(漢字と仮名つきで、獅子、驢、牛から、一切の手近き物体を画きたるものなり、十冊あり)について、字も文も画も学びし(1)。

中村惕斎《てきさい》(一六二九―一七〇二)による『訓蒙図彙』は、「日本最初の絵入百科事典」とされています。「訓蒙」とは子供向けの啓蒙書であるという意味ですが、内容は学問的な面もあり、それでいて大きな図が多くて楽しい図鑑となっています。江戸時代の識字率が世界的に見て非常に高く、庶民の知的好奇心が旺盛であったことはよく知られていますが、この『訓蒙図彙』も日本のすみずみにまで普及しており、だからこそ明治の初期に反古紙として売られていたということなのだと思われます。

この時熊楠が読んだのは、寛文六年(一六六六)の初版本ではなく、『頭書《かしらがき》増補訓蒙図彙』と呼ばれる、内容の異なる寛政元年（一七八九）版でした。これは見開き二頁にわたって動物などの図版が大きく描かれており、図鑑としての楽しさが横溢《おういつ》するものです。現在、南方熊楠顕彰館には全二十一巻十冊が残されていますが、畜獣《ちくじゅう》、龍魚の部などの図の上部欄外には、幼い頃の熊楠による多くの書き込みを見ることができます。

この『訓蒙図彙』を皮切りとして、幼少期の熊楠はさまざまな書籍を愛読していきます。自身の証言によれば、十一歳の時には『文選《もんぜん》』の「江賦」と「海賦」や、『列仙伝』を読むのを楽しみにしていたということです。このうち『文選』の「江賦」と「海賦」は、ともに中国西晋・東晋時代の文学者、郭璞《かくはく》（二七六―三二四）の作で、ヨウスコウイルカに始まり、長江や近海に住む実在と架空の生物を列挙したものです。また『列仙伝』は、古代から漢代の仙人七十余名に関する物語が収録されています。こうした架空の生物や、魔法使いのような人物に対する関心は、現在でも世界中の子供たちが持っているものであり、熊楠も未知の世界への憧れを強く持っていた人物だと言うことができるでしょう。

こうした興味に基づいて、熊楠は十代前半には、中国で九世紀に書かれた『酉陽雑俎《ゆうようざつそ》』や十六世紀に書かれた『本草綱目《ほんぞうこうもく》』、江戸期の日本で十八世紀に書かれた『大和本草』や『諸国名所図会』などの博物学、物産学の本を大量に読み込んでいます。ヨーロッパからの知識が流入する前に前近代の東アジアで書かれたこれらの著作に関する熊楠の高い評価が生涯を通じて変わらなかったことは、晩年に書かれた「履歴書」の中の次のような述懐からも読み取ることができます。

日本今日の生物学は徳川時代の本草学、物産学よりも質が劣る、と。これは強語《きょうご》のごときが実に真実語《しんじつご》に候《そうろう》。むかし、かかる学問をせし人はみな本心よりこれを好めり。しかるに、今のはこれをもって卒業また糊口《ここう》の方便《ほうべん》とせんとのみ心がけるゆえ、おちついて実地を観察することに力《つと》めず、ただただ洋書を翻読して聞きかじり学問に誇るのみなり。それでは、何たる創見も実用も挙がらぬはずなり。(2)

熊楠の意識の中では、前近代までの東アジアの学問、特に博物学は、同時代の西洋の学問と比べても劣らないという気持ちがあったのだと思われます。そして、その東アジアの知的遺産を無視して、西洋の学問の受け売りに終始している明治以降の日本の知識人に対する反発心を強く抱いていたのでしょう。

二　『和漢三才図会《わかんさんさいずえ》』から広がる世界

こうした十代の熊楠の読書の中でも、特別な意味を持ったのが『和漢三才図会』の筆写です。この『和漢三才図会』は京都の医師、寺島良安《てらしまりようあん》（生没年不詳）によって正徳二年（一七一二）に完成しました。「和漢」は日本と中国、「三才」は天・地・人のことを指していて、「図会」ですから挿図を入れた「図鑑」であるということになります。つまり「日本と中国の天・地・人のできごとを解説した図鑑」ということです。

『和漢三才図会』の名前自体は、もともと明の王圻《おうき》による『三才図会』を模したものですから、さまざまな著作をデータベース的にまとめた、「類書《るいしょ》」と呼ばれる中国の百科全書を踏襲したものと言えます。その一方で『和漢三才図会』は、寺島良安の独自の考察なども含んでおり、『訓蒙図彙』から直接つながる江戸の博物学的好奇心が発展したかたちと見ることもできます。熊楠は、『和漢三才図会』を十四、五歳頃まで熱心に筆写しました。今日、和歌山県白浜町の南方熊楠記念館で公開されている少年期の熊楠の細字による筆写本は、この本にかけられた情熱を如実に示しており、見る者を圧倒するものです。

最近明らかになった熊楠旧蔵書中の「南方熊楠辞(3)」と題する書き込みによると、熊楠は七歳の時に相生町の「佐竹といふ産科医」で、『和漢三才図会』を初めて見て「巻三天象、巻十三異国人物、巻十四外夷人物の名を悉《ことごと》くかきとどめた」ということです。また同じ頃、山本義太郎という知人が「巻四十五龍蛇類、巻五十四湿生類の二つの内より幾拾の名目を写しとり半紙にしるして」くれたものをもらっていて、特に「野槌蛇《のづちへび》、黄頷蛇、蜮、蟾」などに心を奪われていたとも証言しています。

ここで項目として挙げられた「外夷人物」は奇怪な姿の人々が住む空想上の国が列挙された巻で、その少年らしい好奇心の持ち方は、ほほえましくもあります。また「野槌蛇」はいわゆるツチノコのことで、最近でも時々ブームになるような未知なる生物への興味が、幼い熊楠の心を刺激したことがよくわかります。

その後、熊楠は十三歳の正月に、友人の津村多賀三郎から「首巻より六、七巻迄のほどをねんごろに借り受《うけ》て本文画図ともに写しはじめ」ることになります。そして借りては写し、借りては写しを繰り返して、一八八一年（明治十四）の春末に「一百五巻悉く細字にて写し畢りし」としています。そして十五歳で和歌山中学を卒業して東京に出た熊楠は、一八八三年の冬の初めに中近堂の『和漢三才図会』新版の広告を見て、予約し、翌年夏に

『可所斎雑記』には「外夷人物」として、実在と空想のさまざまな国の風俗が描かれている。（南方熊楠顕彰館所蔵の熊楠直筆の筆写本）

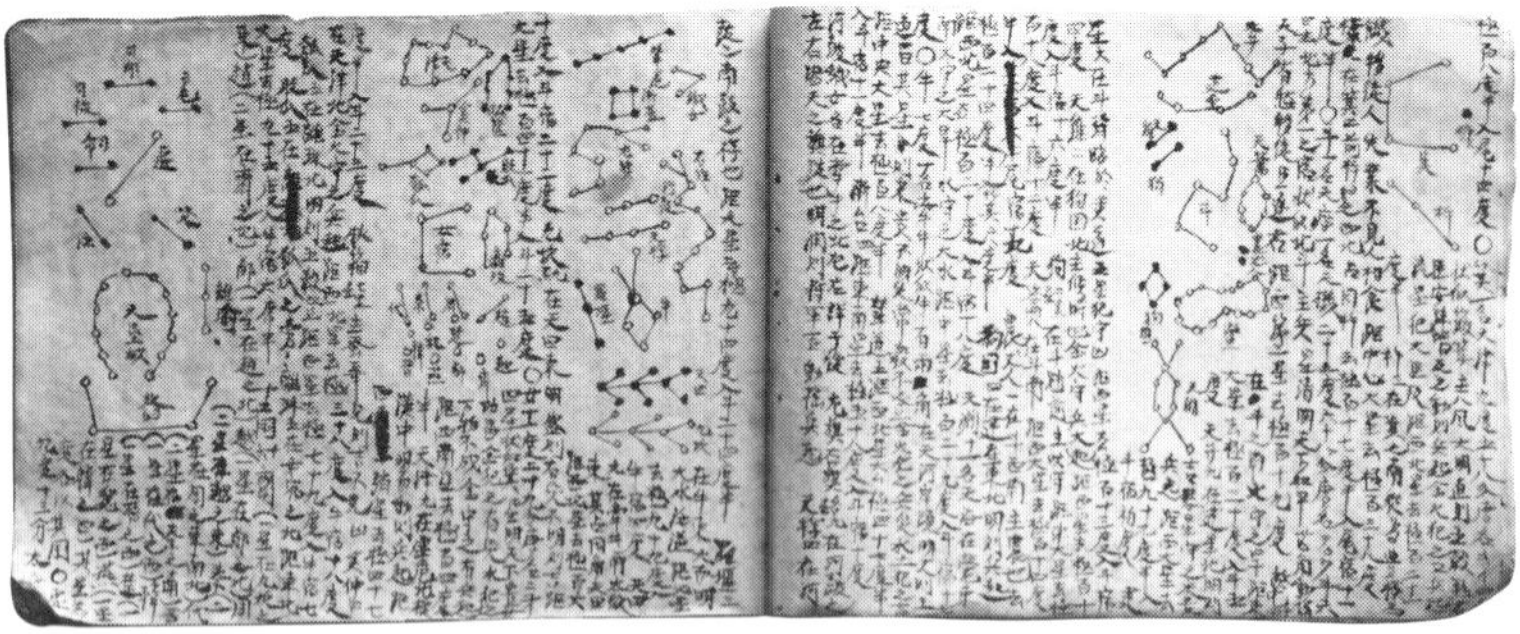

その一方で『和漢三才図会』には中国式の星座のような、西洋科学とは異なる論理的思考の体系が細かく記載されている。（南方熊楠記念館蔵）

購入します。熊楠は一八八六年暮れの渡米の際にもこの本をトランクに入れて持って行き、サンフランシスコからミシガン、フロリダ、キューバ、ロンドンと巡る移動の際にも携帯していたようです。そして、日本や中国の知識を西洋の学界で紹介するために、大いに活用したと考えられます。

たとえば、一八九三年に熊楠が『ネイチャー』に掲載した最初の英文論文「東洋の星座」The Constellations of the Far East は、中国とインドの星座の比較を中心としたものです。この中で、熊楠は中国の星座の紹介のために、『和漢三才図会』の天の部の記述を参照していることが、従来から想定されてきました。「課余随筆」と呼ばれる当時の熊楠のノートから最近発見された下書きには、インド星座の部分に「酉陽雑俎（仏経ヨリ抜筆セルヘシ）」、中国星座の部分に「和漢三才図会（登壇必究ノ抜筆カ）」とあり、『酉陽雑俎』と『和漢三才図会』の二つの書籍が主な情報源であったことが明確になりました。[4]「東洋の星座」に始まるロンドン滞在中の『ネイチャー』への投稿について、後に熊楠は、自らの目的を次のように説明しています。

小生はそのころ、たびたび『ネーチュール』に投書致し、東洋にも（西人一汎の思うところに反して、近古までは欧州に恥じざる科学が、今日より見れば幼稚未熟ながらも）ありたることを西人に知らしむることに勗《つと》めたり[5]。

ここで熊楠が「東洋」の「科学」と言っているのが、幼少期から恩恵を受けてきた中国および日本の学問であることは疑いないでしょう。そうした東アジアの知的体系が、西洋に劣らないだけの充実したものであったことを、熊楠は英国の雑誌に投稿することで主張しようとしたのです。

三　渡米以降の中国人との交遊

熊楠は一八八六年暮れ、十九歳の時にシティ・オブ・ペキン号という船に乗ってアメリカに渡ります。その時、横浜からサンフランシスコまでの二週間の船旅の間、熊楠は中国人の乗客と筆談しています。熊楠の日記に記された「蟹《ハイ》　蜂蜜《ホングマツ》　蜘蛛《チーチュー》　螭螺《カムロー》　鱔《シイ》　猫《マウ》　狼《ロン》　狐《ウ》　狸《リー》　猿《イエン》　蝦《ハー》　蛇《シエ》　蝙蝠《ベンフ》　鳳凰《フチンオン》　竜《ロン》　菊《コ》　茉莉《モリ》　牡丹《マウタン》　西瓜《スイクワ》　甜瓜《テカ》　芭蕉《バーチュー》」[6]などの漢字や読み仮名からは、熊楠が接触したのが主に広東人であったことがわかります。熊楠はこれらの動植物の名の現地語を聞いて、それらを書き留めていたわけですが、そこには博物学を単なる分類学としてとらえるのではなく、地域の文化に根ざしたものとして考える視点を見ることができます。

十九世紀半ばのアメリカでは、大陸横断鉄道建設のための労働者として、中国人が多数移民してきていました。しかし、ヨーロッパ系の移民からの人種偏見の標的となり、十九世紀後半になると排斥運動が激しくなっていきます。そして結局、一八八二年に定められた法律によって、中国人移民は禁止されてしまいます。熊楠は日記に「船中支那人百五十人、多きときは一千人もありし由」(7)と書き留めていますが、これはその時の中国人移民の激減と、それでも危険を冒して渡航する人たちがいたことを伝えているものです。

こうしたアメリカへの中国人の移民に関連して、熊楠は渡米前に東海散士(柴四朗、一八五三―一九二二)の『佳人之奇遇』を読んで、大いに海外雄飛の志を刺激されたことを語っています。この小説で東海散士は、アイルランドの独立派やスペインの反体制派の女性を登場させ、帝国主義の時代にあって抑圧される側の勢力が連帯することを謳《うた》っています。その中に、満州民族による清王朝の支配を受ける漢民族の代表である范卿《はんけい》という老人が現われ、亡国の悲しみを切々と東海散士に語る場面があります。

熊楠は、当時の漢民族が置かれたこうした亡国の状況に対して同情的であったと考えられます。そして、それは故国を離れてアメリカに移民してきた多くの中国人移民が日々実

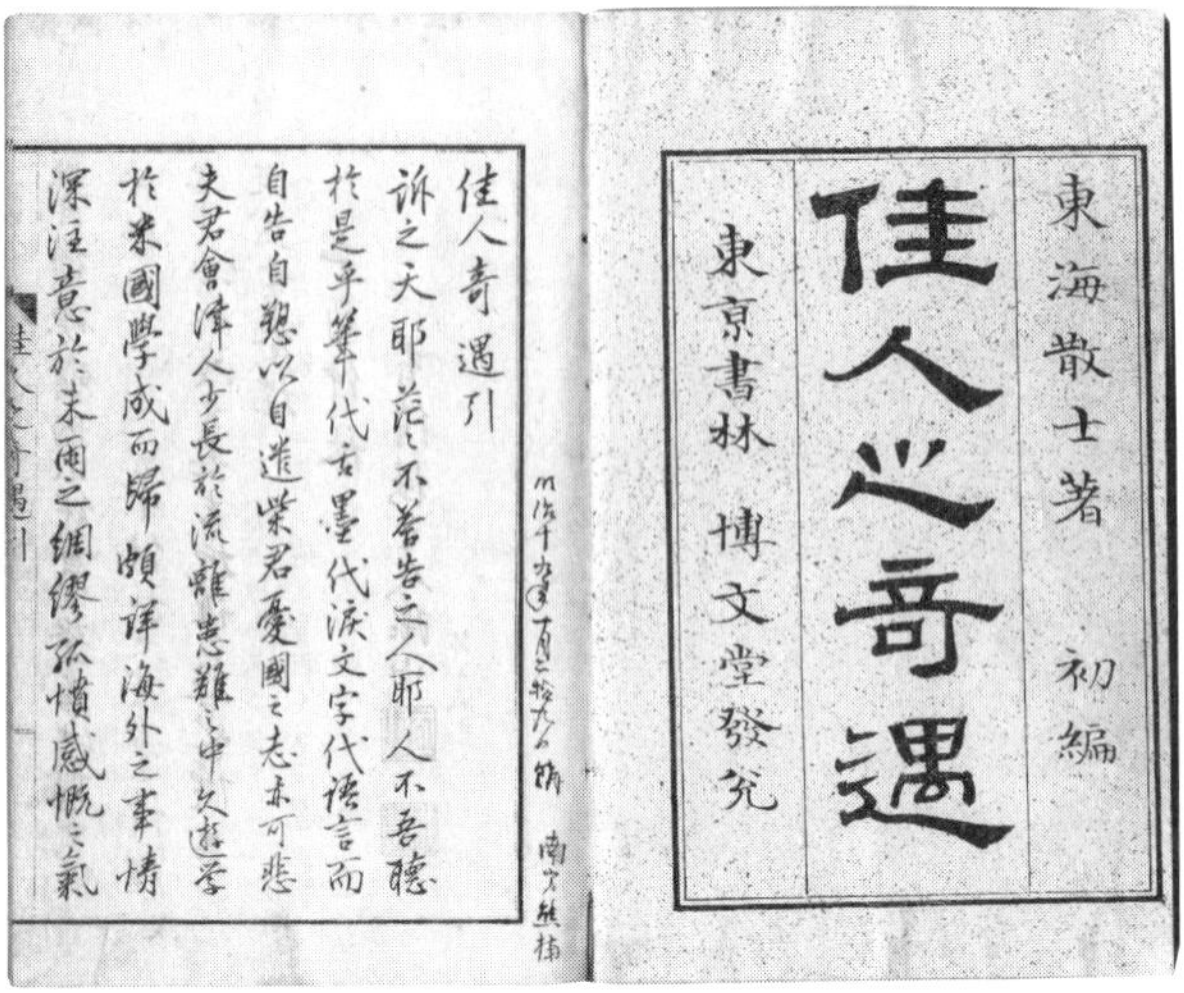

熊楠旧蔵（南方熊楠顕彰館蔵）の『佳人之奇遇』（上）と
同書挿絵「清国人米人ニ軽侮セラルヽノ図」（下）

感していた立場でもありました。当時アメリカには日本人の数は少なく、先行して大勢やってきていた中国人の店で米飯をごちそうになるなどの交流を持っていました。熊楠も、サンフランシスコで中華街に出かけたり、アナーバーで中国人の料理店に出入りしたりしている形跡があります。こうした生活の中で、アメリカにおいて同じように差別される東洋人として、中国人との連帯感を強めていったと考えられます。

　熊楠と中国人との関わりは、一八九一年に日本人留学生の多かったアナーバーを離れ、植物採集のために一人でフロリダに向かった後には、一層密接なものとなります。ジャクソンヴィルという街にたどり着いた熊楠は、ここで現地の中国人社会の「食客」のような立場で生活することになるのです。特に、食料品店を営んでいた江聖聡《こうせいそう》（一八六三？―一九三九？）という人物と仲良くなり、彼の店に下宿させてもらうことになります。「その支那人おとなしき人にて、小生の学事を妨《さまた》げざらんため毎夜不在となり、外泊し暁に帰り来たる」[8]と、熊楠は江聖聡の人柄について記しています。

　異郷で暮らすこうした中国人たちは、アメリカ人から見れば犯罪集団と見られかねないような結束の高いコミュニティーを形成していました。熊楠も、彼らが開いていた賭博会のことを、「夜支那人梅彬廼《ばいひんだい》方に博徒麕至《きんし》、余酒をふれまふ。彼輩、楊楽、楊牛、司徒麟、陳開葉、江聖聡、凌□、趙炎、趙宇、趙針等凡十五人(9)」と記しています。「余酒をふれまふ」ですから、熊楠も彼らに混じって、酒をおごったりしていたということです。熊楠はまた、彼らの首領である梅彬廼から五連発式の拳銃を購入したりもしています。

異郷にあって「悪漢」を気取る中国人たちの気風に影響されたのか、熊楠は「予米国フロリダ州に流寓し、到る処、支那人に寄食し、毎夜彼らが博奕《ばくえき》する傍で『水滸伝《すいこでん》』を借覧してみずから娯《たの》しんだ(10)」とあるように、中国の伝奇歴史小説『水滸伝』を読んでいます。日記にも「梅彬方より水滸伝欠本十一冊受」とあり、中国人たちと貸し借りしながら『水滸伝』を読みふけっていた様子がわかります。『水滸伝』は、時の勢力に反抗して梁山泊《りょうざんぱく》に立てこもった豪傑たちを主人公とする物語で、無法者でありながら義侠心《ぎきょうしん》に厚い彼らの姿勢が、中国の庶民の心を引きつけてきました。そうしたアウトローとしての中国の任侠道の世界に、熊楠は大いに影響を受けたものと思われます。

こうしたアメリカ時代の中国人との交流は、一八九二年にロンドンに移り、大英博物館を中心として学問活動を開始した熊楠が出会った人物、孫文（一八六六―一九二五）との友情にも引き継がれています。この頃、清王朝を打倒するために世界各地をめぐって革命活動をおこなっていた孫文は、一八九六年にロンドンの清国公使館に監禁されてしまいま

25 歳の時の熊楠（左）と広東人の江聖聡（右）
米国にあってともに中国と日本の民族的な服を着ていることが注目される。（南方熊楠顕彰館蔵）

す。英国の友人のおかげでそこから救出された孫文は、大英博物館東洋書籍部のダグラス（Robert Kennaway Douglas　一八三八―一九一三）のオフィスで熊楠と出会いました。熊楠と孫文は、その後半年にわたって、ロンドン市内のあちこちで毎日のように語り合っています。

孫文と初めて会った際に「一生の所期」を問われた熊楠は、「願わくはわれわれ東洋人は一度西洋人を挙げてことごとく国境外へ放逐したきことなり」と言い放ったと、みずから回顧しています。[11] またこの頃の熊楠は、海外での自分の奮闘について「龍動《ロンドン》水滸伝」と題して、都々逸《どどいつ》調の物語にして、しばしば友人の前で披露したと言います。こうした熊楠の態度には、時の権力にたてつく『水滸伝』の登場人物に自らをなぞらえ、十九世紀末の圧倒的な文明の格差の中で、西洋という巨大な相手に立ち向かおうとしている様子を見て取ることができるでしょう。

四　チベットに向けるまなざし

ロンドンでの熊楠は、孫文の他にもさまざまな人物と出会い、後の学問活動につながる

郵便はがき

料金受取人払郵便

京都中央局
承　　　認

5682

差出有効期間
平成31年4月
9日まで

(切手をはらずに
お出し下さい)

6 0 0 8 7 9 0

1 1 0

京都市下京区
正面通烏丸東入

法藏館 営業部 行

愛読者カード

本書をお買い上げいただきまして、まことにありがとうございました。
このハガキを、小社へのご意見またはご注文にご利用下さい。

お買上 **書名**

＊本書に関するご感想、ご意見をお聞かせ下さい。

＊出版してほしいテーマ・執筆者名をお聞かせ下さい。

お買上 **書店名**	区市町	**書店**

◆新刊情報はホームページで　http://www.hozokan.co.jp
◆ご注文、ご意見については　info@hozokan.co.jp

16.5.50000

ふりがな ご氏名	年齢　　歳　男・女
〒□□□-□□□□ ご住所	電話
ご職業 （ご宗派）	所属学会等
ご購読の新聞・雑誌名 （ＰＲ誌を含む）	

ご希望の方に「法藏館・図書目録」をお送りいたします。
送付をご希望の方は右の□の中に✓をご記入下さい。　□

注文書

月　　日

書　名	定　価	部　数
	円	部
	円	部
	円	部
	円	部
	円	部

配本は、○印を付けた方法にして下さい。

イ. 下記書店へ配本して下さい。
（直接書店にお渡し下さい）

（書店・取次帖合印）

書店様へ＝書店帖合印を捺印の上ご投函下さい。

ロ. 直接送本して下さい。

代金（書籍代＋送料・手数料）は、お届けの際に現金と引換えにお支払下さい。送料・手数料は、書籍代 計5,000円 未満630円、5,000円以上840円です（いずれも税込）。

＊お急ぎのご注文には電話、ＦＡＸもご利用ください。
電話 075-343-0458
FAX 075-371-0458

（個人情報は『個人情報保護法』に基づいてお取扱い致します。）

充実した知的交流をおこなっています。その一人として、真言宗の僧侶である土宜法龍《どぎほうりゅう》（一八五四―一九二三）を挙げることができます。

法龍は、一八九三年にシカゴでおこなわれた万国宗教会議に参加した後、ロンドンに旅行し、そこで熊楠と出会いました。この頃の熊楠は、海外での生活を通して、キリスト教を基盤とする西洋の学問とは異なる東洋独自の学問体系を作り出す必要性を感じており、真言密教にそれを見いだそうとします。そして、法龍をそのための格好の対話相手としてとらえ、仏教論議をふっかけています。四日間ほどの直接の対話の後、パリのギメ美術館に移った法龍に対して、熊楠はロンドンから長文の手紙を矢継ぎ早に送り続けました。

この時、二人の共通の話題となったのが、一緒にチベットに行き、仏教や植物学の調査をおこなうという計画です。当時、日本の仏教者の間では、その頃まで外部に閉ざされていたチベットへの一番乗りを目指す、いわゆる「入蔵熱」が流行していました。法龍から熊楠に送られた手紙の中には「彼の雪山《せっせん》（ヒマラヤ）のことを記憶せよ(12)」という文句があり、最初の数日間の直接対話の時期から、すでにこの話が持ち上がっていたようです。その後も法龍は「貴君と何とぞして再度の雪山・チベット遊びに御同行願いたく存じ候。よほど費用を要するかと痛心罷《まか》りあり候。貴君よ、いつごろの出立になるか、その旨ちょっと他日御一報願い上げ候[13]」と、熊楠の決意を促しています。

チベット行きの目的として、熊楠は「されば大乗を述べんとするものは、小乗や中乗のことにかまわず、主として一語一句も大乗をしらべたきことなり。これをなすにはチベットの仏教を知ることははなはだ必要と存じ候[14]」と、大乗仏教の調査ということを挙げています。これに対して法龍も、「日本の大乗仏教に対し、ことに瑜伽道に対しては、ぜひチベット仏教を学び畢らずんば、断然なる改革の着手は作らざるなり。しかしてかたわら南方諸地の仏教をも幾分か調べたきなり[15]」と答えています。そして「貴下よ、希《ねが》わくはチベットへ行くの順路を鳥渡《ちょっと》知らしたまえ[16]」と、具体的な道筋の検討も始めています。

しかし、仏教者としての「入蔵」を夢見る法龍に対して、熊楠はもう少し広い範囲の中央アジア探検と、多角的なチベット研究を目指していました。「私は近年諸国を乞食して、ペルシアよりインド、チベットに行きたき存念、たぶん生きて帰ることあるまじければ、父の墓を見ることも得ずと存じ候[17]」と、チベットだけでなくペルシアやインドを放浪することも夢見ていると吐露《とろ》しています。

さらにこの熊楠のユーラシア大陸放浪の夢は、次のような際限のない規模にまで膨らんでいきます。

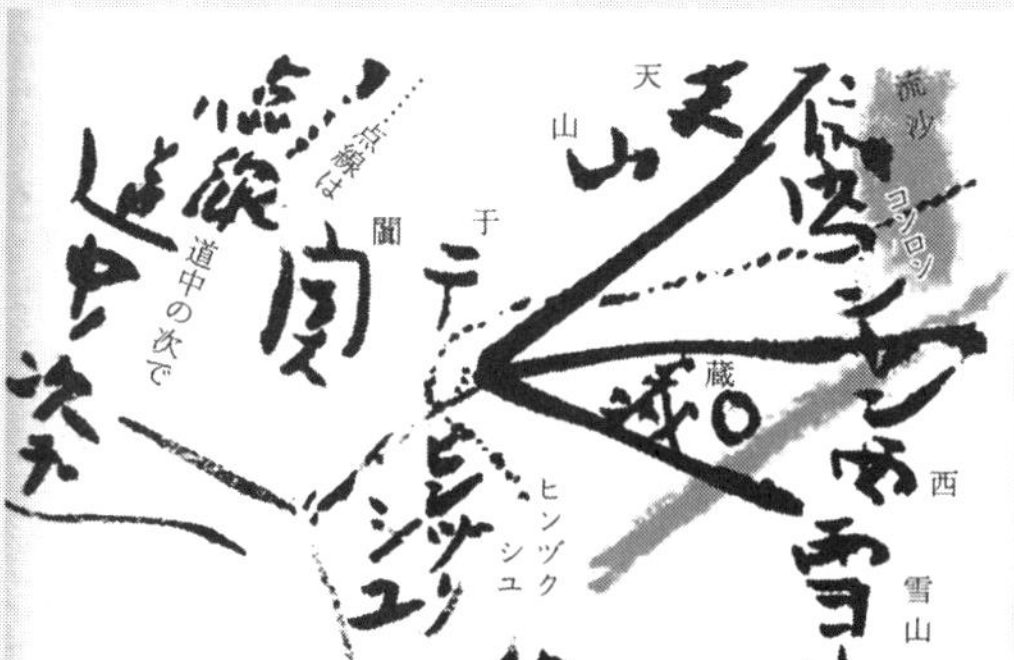

1894年7月16日付の南方熊楠から土宜法龍宛書簡（『高山寺蔵南方熊楠書翰』藤原書店、2010年）「図の如く雪山、天山が扇の両方の大骨、崑崙は中の一骨といふやうにひろがりて、バクトリアが其要めの処なり」(19) と説明している。

小生はたぶん今一両年語学（ユダヤ、ペルシア、トルコ、インド諸語、チベット等）にせいを入れ、当地にて日本人を除き他の各国人より醵金《きょきん》し、パレスタインの耶蘇廟およびメッカのマホメット廟にまいり、それよりペルシアに入り、それより舟にてインドに渡り、カシュミール辺にて大乗のことを探り、チベットに往くつもりに候。たぶんかの地にて僧となると存じ候。回々教国にては回々教僧となり、インドにては梵教徒となるつもりに候(18)。

これに対して法龍も「小生チベット等への旅行の企てにつき、貴下の真意謹諾す」と応じ、チベットだけではなくユーラシア大陸をかけめぐるという熊楠の夢に理解を示します。そして「死生は天命に任す。否、因縁の到来なり」とした上で、「アジアの僧として往かば然程《さほど》に困難はなし」という楽観的な見方をしています(20)。

しかし熊楠は、チベットに行くのであれば、到達することだけを目的にするのではなく、多角的な調査をおこなうことが必要だという観点も示しています。同じ書簡には「仁者もしチベットに行かんと思わば、仁者一人にては、小生肯えて承らず、外に証人として幾人かつれ行くべし(21)」として、日本から調査団を結成するべきだと助言します。その内容は「なるべくは陸軍の人一、二人、測量、天文等のしらべにつれ行きたし(22)」とあるので、科学的調査の心得のある人がよいという意味でしょう。このあたりは、王立地理協会などが主導する大英帝国の世界での探検・調査の実績を知っている熊楠ならではの発想と言うことができます。

さらに法龍がヨーロッパの言語を理解しないことを指して、「それではチベットへ往きても、わずかに喇嘛《ラマ》の服制、僧侶の布施の高を知り得るのみ。どこへ往きても同じことなり。小生はこのことを懸念して、今その言語を学びおれり」[23]ともしています。熊楠にとっては、チベットは仏教者の憧れの地としてではなく、踏破し、学術的に分析すべき地としてとらえられていました。そのために重要なのは、まずヨーロッパ語でチベットに関する情報を収集し、その上でチベット諸語や関連する言語（パーリ語やサンスクリット語など？）を学ぶ必要を感じていたということになります。そのあたりの熊楠の感覚はたいへん近代的な研究者のものと言うことができるでしょう。

五　「ロンドン抜書」の中のアジア

しかし、こうした熊楠のチベット行きやユーラシア大陸放浪の夢は実現することなく、

熊楠が利用していた頃の大英博物館の円形図書館

法龍が日本に帰国する一八九四年頃には立ち消えになってしまいます。おそらくその代わりとして熊楠が熱中したのが、一八九五年四月に始まる「ロンドン抜書」の筆写でした。博物館の東洋美術部門の館員で人類学者のリード（Charles Hercules Read　一八五七―一九二九）と知り合った熊楠は、彼の紹介で、大英博物館中央の円形ドーム型図書館の利用を開始します。当時世界最大級だったこの図書館に入った時のことを、熊楠が晩年まで語っていたと、長女の南方文枝さん（一九一一―二〇〇〇）は証言しています。

あの図書館のこと、よく言ってましたですよ。円形の。「あそこ行った時は、自分のいちばん望んでいたところに来たと思って嬉しかった」って言ってました。……「学校にも入ってみたけど。自分ののぞむ所は、ここなんだと思った」って言ってました。(24)

熊楠は毎日この図書館にこもって、英語、フランス語、イタリア語、ドイツ語、スペイン語などの書籍を筆写するようになります。一八九八年十二月に度重なる暴力事件によって大英博物館を追放されてからは、自然史博物館とサウスケンジントン博物館に場所を移し、一九〇〇年九月に帰国するまでの間に五十二冊のノートを仕上げています。「ロンドン抜書」と呼ばれるこのノートは、後の熊楠の古今東西に及ぶ博識を支える基盤となりました。

この「ロンドン抜書」に関しては、近著の『南方熊楠——複眼の学問構想』で詳しく論じたところですが、世界の民族学的情報としての旅行記や地誌、また性的な逸脱行為に関するセクソロジーが中心になっていることが特徴として挙げられます。第一巻の最初に取り上げられているのはムーラ（Jean Moura 一八二七—七五）の『カンボジア王国』で、そこからインドシナ各地域の地誌の抜書が続いています。

「ロンドン抜書」第一巻冒頭の『カンボジア王国』の筆写には、「火王ニ物オクリ拇印受ルコト」という見出しがあり、当時、熊楠が『ネイチャー』に寄稿していた「拇印考」の資料として用いようとしていたことがわかります。その一方で、熊楠が続けてインドシナの地誌に関心を抱いたのは、一八九四年二月に、土宜法龍との間でカンボジアの仏教が大乗かそれとも小乗かという議論をしていることにあるようです。

熊楠は最初、法龍に対して南方にも大乗が伝わったという証拠として「カンボジアごときは大乗なり」[25]としています。しかし、法龍に「願わくはカンボジアの大乗なる実説を教えよ」[26]と聞かれ、「カンボジア大乗のことも、小生この地にて調べ候に、何分にもアンナン、サイゴン、カンボジア、真臘等は、一般に大乗の教えと存じ候」[27]とやや自信なげに答えます。そして、帰国後一九〇一年八月十六日の書簡では、「その翌年小生とくとしらべしに、柬国は小乗にして中乗を混ず」[28]と訂正することになります。この「とくとしらべし」というのが、大英博物館での調査を指しているわけです。

さらに、もう少し大局的な観点から、カンボジアや東南アジアが持つ文化的な位置づけを考えてもよいかもしれません。この点から見て、『カンボジア王国』の筆写をしていた熊楠が、この頃「ロンドン抜書」と並行して自宅で作成していた「課余随筆」と呼ばれるノートの内容は示唆的です。この「課余随筆」は、欧文の文献を筆写した「ロンドン抜書」とは異なり、漢文や日本語の文献から書き抜いた情報が集められています。つまり、西洋のことは「ロンドン抜書」、東洋のことは「課余随筆」にまとめられているのです。

この「課余随筆」巻之八には「J. Moura の柬埔寨王国誌第 166 葉に、柬埔寨太古に神代、其次に百姓の王を撰挙にて出し事を認めらる。駁して弁論せり。これ支那の舜禹等の事を訛伝附会せしに非るか」という記録が見らます。さらにこれに続けて、「柬埔寨人、羅刹は陰影なしと堅く信ず。Mohos が此事にて女に化たる羅刹を識りし事 J. Moura, Le Royaume du Cambodge, 1883, Vol. I, p.314 に見ゆ。支那には老人の子に□されといふ」という覚書が記されています。[29]

つまり、この頃の熊楠はブルームズベリーにある大英博物館閲覧室に午後中こもって、おそらく閉館時間の午後八時までフランス語で抜書をおこない、それから一時間かけて歩いてサウスケンジントンの下宿に帰って夜中にその中の重要な部分に関して日本語で「課余随筆」に書き留める、という日々だったことになります。そして、内容的に興味深いのは、これらの「課余随筆」の覚書において、熊楠が『カンボジア王国』における記録を中国の例と対比していることです。

カンボジアは、十九世紀半ば以降、フランスの植民地として編入されますが、それ以前には中国の周辺国としてその影響を受けてきた経緯があります。また周達観が十三世紀末に元の使節団に伴ってカンボジアを訪れて記録した『真臘風土記《しんろうふどき》』のような漢籍もあり、熊楠も後の論文で何度も使用しています。つまり、東西の二つの方向からの視線による記述が交錯している土地であり、お互いの記録をクロスチェックできるという利点を、熊楠は認めていたのではないでしょうか。こうした複眼的な文献の読み方は、「ロンドン抜書」のさまざまな箇所で指摘できるように思われます(30)。

この他にも「ロンドン抜書」の中には、世界中の旅行記・地誌が筆写されていますが、その中でもアジアに関するものはたいへんな分量に達しています。特に、東南アジア、インド、中国、イスラム圏などの旅行記について、玄奘三蔵《げんじょう》（六〇二―六六四）の時代から十九世紀末にいたるまで、さまざまな時期の記録が集成されていることが目を引きます。また、九世紀のアラブ人による『シナ・インド物語』など、非西洋圏の人々がアジアをどのように見たかという記録を多く収録していることも注目されます。熊楠がロンドンに滞在した十九世紀末は、帝国主義が完成期を迎え、西洋が非西洋を「客観的」に記録することが学問であるという偏った見方が大勢を占めている時代でした。そのような時代の趨勢にあって、熊楠は「ロンドン抜書」の中で、徹底した文化相対主義に基づくダイナミックで多角的な「アジア」像を探求していたと見ることができるでしょう。

六　「ロンドン抜書」から「十二支考」へ

こうして大英博物館などで作成した「ロンドン抜書」を海外留学の最大の成果として、熊楠は一九〇〇年九月に日本に帰国することになります。翌年には和歌山の実家から植物採集のために那智に向かい、一九〇四年十月まで滞在。その後、紀伊半島南西部の田辺に移り住み、結婚し、一男一女をもうけ、一九四一年に没しました。

ここまで見てきたように、南方熊楠の「アジア」に対する見方は、同時代や現代の日本人と比して非常にユニークなものであると言うことができます。まず幼少期から身につけた近代以前の東アジアの教養が基盤としてあり、その上でヨーロッパの最先端の学問を吸収しています。そして、「ロンドン抜書」などに見られるように、ヨーロッパ人が見たアジアと、アジア人が見たアジアを対照しながら、複眼的な視点を養っていきました。

このような豊かで創造的なアジア観を持ちながら、日本での熊楠はなかなかその全体像を公刊する機会に恵まれませんでした。田辺に定住して、大学などに所属せず、雑誌への投稿と文通のみで自分の学識を披瀝した熊楠が世間的に注目されるまでには、長い時間がかかりました。

それでも、一九一四年から一九二三年まで博文館の雑誌『太陽』に連載した「十二支考」の中には、一般読者相手とはいえ、熊楠が自分の学問について自由闊達に語っているのを見ることができます。この「十二支考」は、毎年の干支を題材として、古今東西の知識を熊楠が披露するかたちで展開されるものですが、その中にはさまざまな文化圏の人々が他の文化を見た際の驚きが横溢しています。とりわけ、アジアとそれに関する民俗文化は、和漢の文献と欧文の文献を駆使して多彩に描き出されています。

この「十二支考」の最初の一篇である「虎に関する史話と伝説、民俗」を分析した結果、わかってきたことがあります。それは、熊楠が、東洋の知識に関しては主に「課余随筆」や田辺時代のノートである「田辺抜書」、そして西洋の知識に関しては主に「ロンドン抜書」を情報源として用いているということです。さらにそのうち東洋の部分については、『和漢三才図会』や『淵鑑類函《えんかんるいかん》』と呼ばれる中国の百科事典の役割が大きいこともわかってきました。

『淵鑑類函』は清朝の時代に勅命により編纂されたもので、全四五〇巻が一七一〇年に完成しました。「類書」と呼ばれるこのような百科事典には、過去のさまざまな書籍の抜粋が集められ、手軽に知識を得られるようになっています。たとえば、『淵鑑類函』四二九巻「虎」の項目には、千年以上にわたる期間に作成された万巻の中国の博物学書の中から、虎に関する民俗学的な記述が書き抜かれています。熊楠は、こうした中国式データベースのような類書を手際よく用いることで、「十二支考」の構想を建てていったと考えられます。

さらに『和漢三才図会』は、「虎に関する史話と伝説、民俗」を執筆する際の指針としての役割を果たしたと考えられます。『和漢三才図会』巻第三八「虎」の項目は、『本草綱

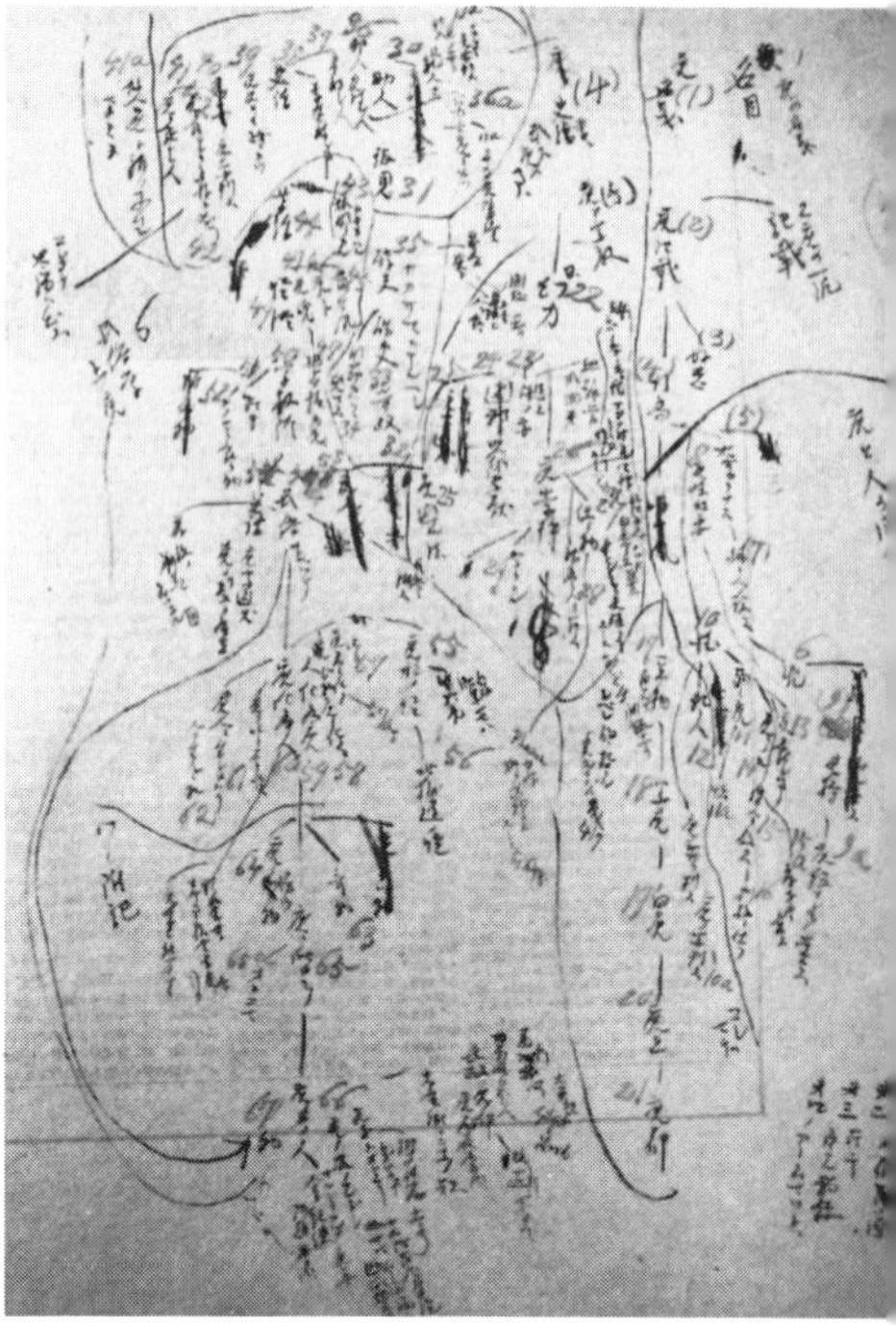

「十二支考」の「虎に関する史話と伝説、民俗」を執筆するために熊楠が作成した「腹稿」と呼ばれるメモ（B稿）（南方熊楠顕彰館蔵）

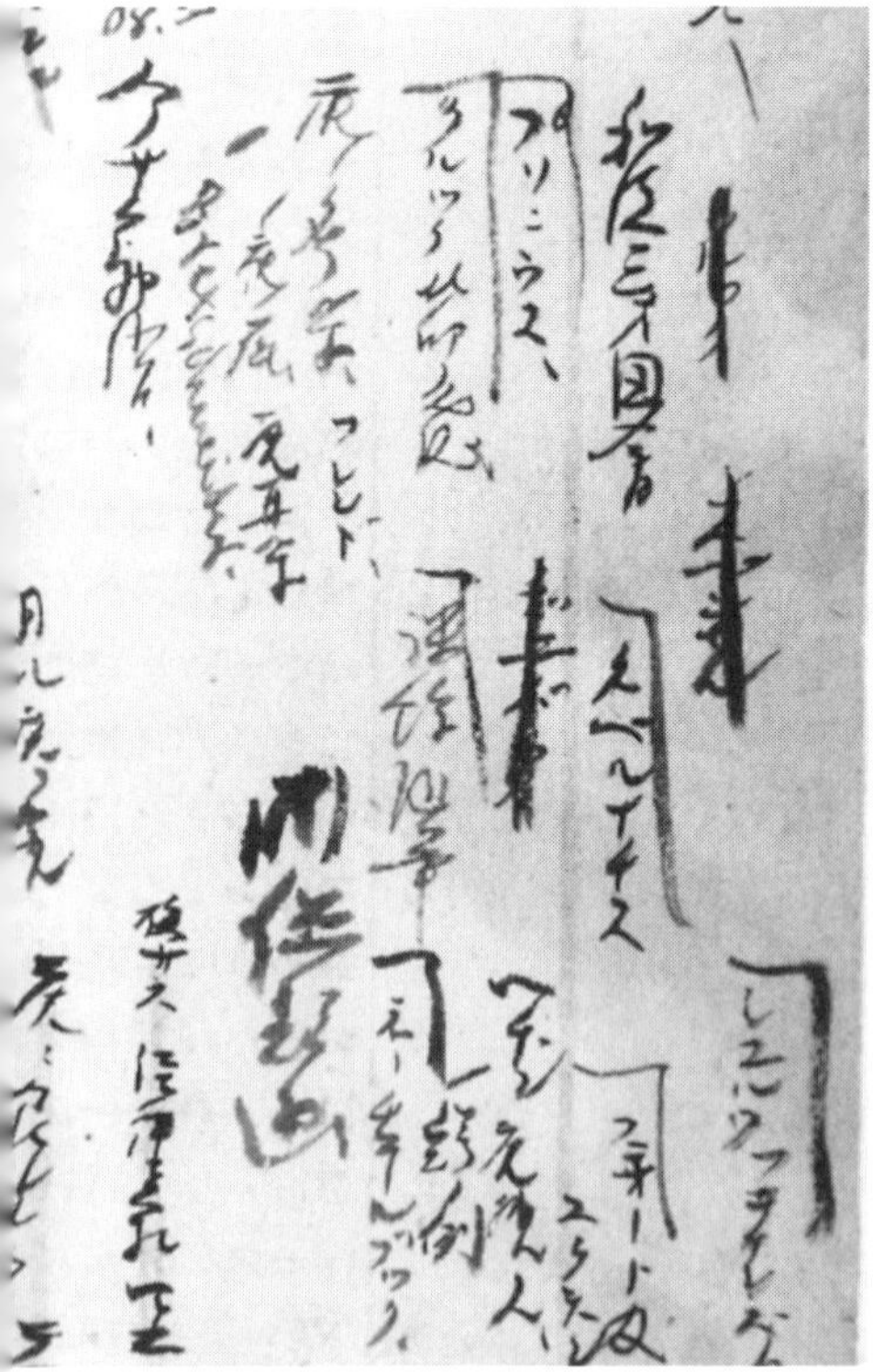

腹稿（A稿）の一部　「和漢三才図会」「課余随筆」「淵鑑類函」などの情報源が記されている（南方熊楠顕彰館蔵）

目』などの中国の博物学書の知識を中心に、編者の寺島良安が独自に集めた日本の資料を交えて構成されていますが、熊楠はその記述のすべてを「虎に関する史話と伝説、民俗」の中で用いていることが確かめられます。

このように、幼少期からの愛読書である『和漢三才図会』は、四十代後半から五十代前半にかけての代表作「十二支考」においても、なお熊楠の好奇心の中核にありつづけました。一九一七年に書かれた「十二支考」第四回目の「蛇に関する民俗と伝説」には、『和漢三才図会』の「野槌蛇」の項目が、関連する九件の和漢書からの情報とともに紹介されています。「野槌蛇」つまりツチノコの項目とは、最初にお話ししたように熊楠が七歳の時に初めて『和漢三才図会』と出会い、心をときめかせたあの記述に他なりません。これなどは、じつに、四十年以上にわたってアイデアが温められ、日の目を見たということになります。

注目すべきは、このことの意味が単に熊楠という個人の関心の持続という問題にとどまらないことです。熊楠が最初に『和漢三才図会』を知ってから、「十二支考」の中で展開させるまでの四十数年、つまり一八七〇年代の明治初期から一九一〇年代の大正期までの間に、日本人の教養のあり方は様変わりしていました。この期間には、学制改革により小学校から大学までの学校制度が整備され、お雇い外国人や留学組の教授たちによりもたらされた西洋近代の科学と思想が、国内のすみずみにまで浸透していました。

東京大学予備門で熊楠の同級生だった夏目漱石がそうした日本の近代化を「外発的」と呼んで批判したのは一九一一年のことです。そのような時代にあって、江戸時代中期の百科事典から得た知識を、徹底して「内発的」に展開していった熊楠の学問のあり方は、今日の眼から見て十分に注目に値します。そのようにして、少年時代の熊楠が東アジアの図鑑の中に見た宇宙は、十九歳から三十三歳までの英米における学問的研鑽を経て、新たな知の体系として再編されていったのではないでしょうか。

註

（1）『南方熊楠土宜法竜往復書簡』三三八頁下段。
（2）『南方熊楠全集』（以下『全集』）、平凡社、一九七一—七五年）、七巻二八頁。
（3）『熊楠研究』第八号、一四二—一四五頁。
（4）松居竜五『南方熊楠——複眼の学問構想』（慶應義塾大学出版会、二〇一六年）、二三七—二三八頁参照
（5）『全集』七巻一六頁。
（6）『南方熊楠日記』（以下『日記』）、八坂書房）、一巻、一〇一頁上段—下段。

(7) 『日記』一巻一〇〇頁下段。
(8) 『全集』七巻九頁。
(9) 『日記』一巻二八〇頁上段。
(10) 『全集』五巻二〇二頁。
(11) 『全集』八巻一九六頁。
(12) 奥山直司・雲藤等・神田英昭編『高山寺蔵南方熊楠書翰』(藤原書店)、二七頁上段注(15)。
(13) 『南方熊楠土宜法竜往復書簡』七頁下段。
(14) 『南方熊楠土宜法竜往復書簡』一一頁上段。
(15) 『南方熊楠土宜法竜往復書簡』二八頁下段。
(16) 『南方熊楠土宜法竜往復書簡』三三頁下段。
(17) 『南方熊楠土宜法竜往復書簡』一八頁下段。
(18) 『南方熊楠土宜法竜往復書簡』一九頁上段。
(19) 『高山寺蔵南方熊楠書翰』一九二頁上段。
(20) 『南方熊楠土宜法竜往復書簡』二八頁上段。
(21) 『南方熊楠土宜法竜往復書簡』一九頁下段。
(22) 『南方熊楠土宜法竜往復書簡』一九頁下段―二〇頁上段。
(23) 『南方熊楠土宜法竜往復書簡』五三頁上段。
(24) 『熊楠研究』三号四〇頁。
(25) 『南方熊楠土宜法竜往復書簡』一二六頁上段。
(26) 『南方熊楠土宜法竜往復書簡』一三三頁下段。

(27)『南方熊楠土宜法竜往復書簡』一三七頁下段。
(28)『南方熊楠土宜法竜往復書簡』二五二頁上段。
(29)『熊楠研究』六号一八一頁上段―下段。
(30)この点については、飯倉照平『南方熊楠の説話学』(勉誠出版、二〇一三年)、一八一頁の指摘を参照。

大谷光瑞の世界認識

三谷　真澄

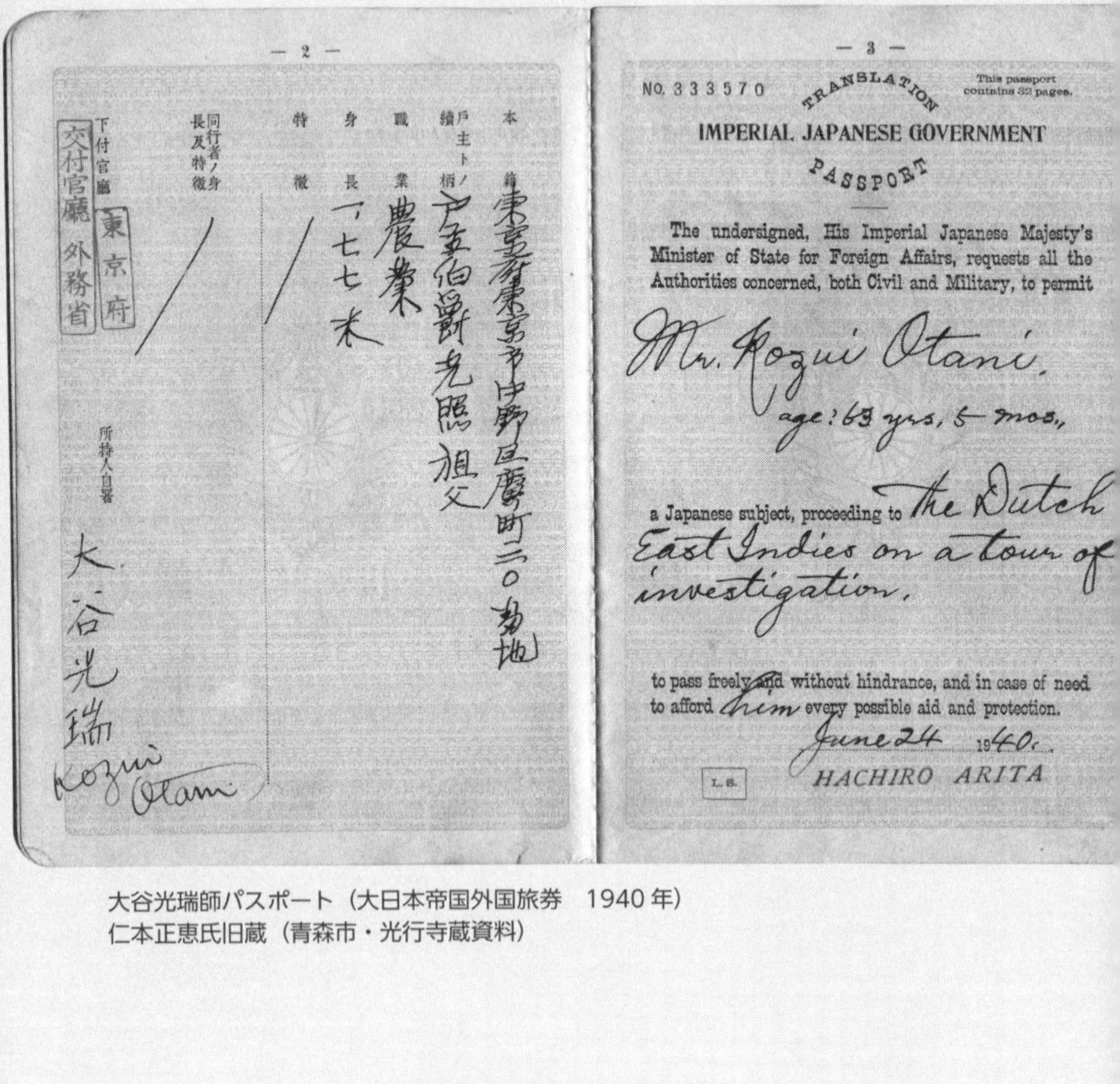

大谷光瑞師パスポート（大日本帝国外国旅券　1940 年）
仁本正恵氏旧蔵（青森市・光行寺蔵資料）

はじめに

ここでは、大谷探検隊を派遣したことで有名な大谷光瑞（一八七六―一九四八）をとりあげます。仏教者・教育者・研究者・探検家・著述家等々、枚挙に暇《いとま》のないほどさまざまな分野に広く深い知識をそなえて、時代に足跡を残しました。探検隊の派遣だけでなく、浄土真宗本願寺派の宗主をつとめた後、中国、インドネシア、トルコ、台湾などアジアを中心に活動し、アジア主義者、農本主義者など、さまざまな視点から論じられる「大谷光瑞」の世界認識を明らかにするとともに、「農業家」として矜持《きょうじ》をもって生き抜いた、その実像にせまりたいと思います。

「世界」とは

「世界」という言葉は、じつは仏教語なのです。インドのサンスクリット語ローカ・ダートゥ（loka-dhātu）の翻訳語が「世界」です。本来は、「世（loka）」と「界（dhātu）」の二つの語を合わせた言葉です。『岩波仏教辞典　第二版』では「衆生《しゅじょう》の住む所」とされ、須弥山《しゅみせん》を中心とした四大洲を一世界とし、三千大千世界《さんぜんだいせん》によって全宇宙が構成されている」とされています。また、「世」は、過去・現在・未来の三世、「界」は、四方（東南西北）・四維（東南・西南・西北・東北）・下上の十方を指すとされています。

このほかに、「世間《せけん》」という言葉も仏教語で、命あるものを示す衆生世間（sattva-loka）とその容器としての器世間（bhājana-loka）に分けられます。

地図に見る世界認識の変遷

応地利明《おうじとしあき》によると、「前近代の絵地図の場合には、いわゆる近代的な地図が切り捨ててきた、観念や信仰にもとづく空間知覚の内容をも図上に表現してきた。その場合には、たとえ表現されているものが実在するものであったとしても、その表現には観念や信仰による潤色がくわえられている」とされ、日本は、仏教的世界の縁辺に位置する「粟散辺土《ぞくさんへんど》」ないしは「末法の辺土」であり、世界は、天竺（インド）を中心とする三国世界観（天竺・震旦・本朝）に立って理解されていました。

先に述べられた『混一疆理歴代国都之図』は、十五世紀初頭の世界認識を示していますが、濱下武志によると、「中国・朝鮮を中心とした天下図としての面と、モンゴル帝国

（その伝統は当時のティムール帝国によって継承されていた）の世界認識をも反映した世界地図としての両面を備えた、ユーラシア的規模の歴史文化地図であったとも評価できよう」とされています。一方、応地の指摘するように、「近世の深まりとともに三国世界観は完全に崩壊していく。この関係を端的に示しているのが、幕末の海防思想の端緒をなした林子平の『三国通覧図説』（一七八五＝天明五年）である。この書物での三国とは、もはや本朝・震旦・天竺ではなく、朝鮮・琉球・蝦夷のこととして地図化されている」と、時代状況によって、当時の人々の世界認識が移り変わっていったことを示しています。

一　大谷光瑞とは

大谷光瑞は、一八七六年十二月二十七日、本派本願寺第二十一世明如《みようによ》宗主の長男として誕生します。日本の伝統仏教教団、一万カ寺・一千万門徒を擁する巨大教団・浄土真宗の本山である本願寺の後継者として、生を受けたわけです。父親である明如（大谷光《こう》尊《そん》、一八五〇―一九〇三）は、明治維新直後の一八七二年に宗主を継職し、当時の仏教界は、江戸時代の幕藩体制のもと寺請《てらうけ》制度によって保護されていた時代から、内外の大きな変化に対応しなければなりませんでした。

一つは、明治政府の神仏分離令により、全国に廃仏毀釈《はいぶつきしゃく》の嵐が吹き荒れたことです。もう一つは、文明開化の名のもと、西洋文明の流入によって、キリスト教などの諸宗教が台頭し、仏教を旧習とするような宗教状況の変化です。明治の近代化によって、仏教は存亡の危機に直面しました。日本の宗教の主流として、寺請制度、本末制度、寺檀制度といった体制に守られた伝統教団が、内的には神道、外的にはキリスト教を中心とする西欧の宗教と伍《ご》していかねばならなくなったのです。仏教・浄土真宗があらゆる面で再構築が求められていたと言ってよいでしょう。

そのような一大変革期に、教団改革に取り組み、種々の改革を断行したのが明如でした。明治政府の議会に先行して「宗会」を開設したほか、島地黙雷《しまじもくらい》、大洲鉄然《おおずてつねん》、赤松連城《あかまつれんじょう》ら若い人材を西欧に派遣して勉学させ、学林をあらためて「大教校」(現在の龍谷大学)を開設しました。一方、太陰暦の明治五年は十二月二日で終わり、翌日太陽暦が採用され、明治六年(一八七三)一月一日となりましたが、いち早く対応して親鸞聖人関連の日付を太陽暦に改めました。明治七年(一八七四)に、本願寺では、一般の命日に相当する御正忌《ごしょうき》(旧暦十一月二十八日)を一月十六日につとめることとなり、現在も勤修《ごんしゅう》されて

若き日の大谷光瑞（ロンドンにて）（龍谷大学図書館蔵）

います。このような現代に至るさまざまな改革を断行した父・明如の薫陶《くんとう》を受け、光瑞は、世界の動向に目を向け、伝統仏教教団の枠にとどまらないさまざまな活動をしていくことになります。

十五歳で学習院を退学した後は、開成高校の前身である共立学校に入学しましたが、日本の教育制度に抗するかのように大学のような教育機関で学ぶことなく、専門家から直接教授、あるいは独学で知識を身につけていきました。一八九八年六月、二十三歳で九条籌《かず》子《こ》と結婚しましたが、籌子逝去後は独身を通し、再婚することなく生涯を過ごしました。一九〇三年、カルカッタにて父・明如の遷化《せんげ》の報に接し、本願寺住職、本願寺派管長に就任、第二十二世宗主となりましたが、一九一四年五月十四日、三十八歳で宗主を辞した後は、伏見・三夜荘や上海・無憂園など内外の拠点に身を置きながら、種々の活動をおこないました。最晩年は別府で過ごし、一九四八年十月五日、七十三歳で別府鉄輪別邸にて逝去しました。子どもはいませんでしたので、第二十三世宗主は、弟・大谷光明の長男・光照(光瑞から見れば甥)が継承しました。光瑞は、母藤子の六子の長子でしたが、実弟妹に、真宗十派の一つ高田派専修寺宗主と結婚した常磐井文子《ときわいふみこ》、同木辺《きべ》派錦織寺《きんしょくじ》に入寺して宗主となった木辺孝慈《こうじ》、チベット派遣に役割を果たし、後に貴族院議員・拓務大臣をつとめた大谷尊由《そんゆ》、歌人で慈善活動に貢献した九条武子《たけこ》がいます。

生涯を通して、大谷光瑞の関心は幅広く、宗教者・仏教者・研究者・教育者・探検家・実業家・農業家・著述家・政治家……など、枚挙に暇がありません。以下、主として探検と農業を通して、彼の「世界認識」を考えてみましょう。

二　大谷光瑞の事跡

さまざまな顔をもつ光瑞ですが、まず、第一に挙げるべきは「宗教者」としての側面です。得度して僧侶となり、浄土真宗本願寺派第二十二世宗主もつとめた仏教者、念仏者としてのあり方です。宗主としては、一九一一年、宗祖親鸞聖人六百五十回大遠忌法要を勤修し、第一期、第二期計一〇〇万七四四〇人の団体参詣があったことが特筆されます。この時、光瑞の要請で、梅小路に臨時停車場が設けられました。

次に、「研究者」としての側面としては、一八九九年の清国巡遊の際の報告書が認められてアジア人として初めてイギリス王立地理学協会の会員となりました。地理学はもとより、仏教学・気象学・植物学・農学などの研究者であり、その博識は専門家として十分に

大谷光瑞（二楽荘にて）
（『モダニズム再考』芦屋市立美術博物館、2003年より）

通用するものであり、大谷探検隊を主宰し、玄奘《げんじょう》の『大唐西域記《だいとうさいいきき》』の記述に基づいてインドの仏跡探査や中央アジアなどの実地調査を実施したという面では、考古学者と言ってもいいかも知れません。

また、「教育者」としての側面も欠くことができません。全国から優秀な学生を選抜しての「武庫《むこ》仏教中学」の創設や、「大谷学生」の育成、世界各地への派遣など、独自の教育をおこなっていました。武庫仏教中学は、一九一二年四月に開設しましたが、本願寺の財政問題などもあって一九一四年には閉鎖されました。

「探検家」としての側面は、言うまでもなく大谷探検隊を主宰・派遣し、自らもインドへ赴いたことが挙げられます。後に詳しく触れますが、その対象はシルクロードだけでなく、広くアジア全域を視野に入れたものでした。

宗主引退後の「実業家」としての側面ですが、ジャワでの農園経営や、トルコでの企業、台湾での農場経営実践がそれにあたるでしょう。光瑞は、パスポートの職業欄に「農業Agriculture」と記載するなど、矜持をもって農業経営にあたっていました（八二頁）。

「著述家」や「政治家」としての側面も挙げられますが、関露香《せきろこう》によれば、光瑞の風評について、世人動《やや》もすれば渠《かれ》（＝光瑞。引用者注）の宗教心に疑念を狹《さしはさ》む者がある、渠は宗教家としてよりも寧《むし》ろ政治家である、政治家とするよりも寧ろ探検家である、甚だしきに至つては宗教家として渠の信仰はゼロであるといふ、成程渠は其性格の一面に於て政治的色彩がある、或は探検家としての素質も経験も備はつて居る、然しながら宗教家としての信仰が全然零《ゼロ》であるといふに至つては、何《ど》うあつても其儘《そのまま》では受取られない、唯其等は渠の宗教的観念が他に比して進歩的であるのと儀式一点張りや、迷信一方の旧思想と或点に於て悉く衝突するので爾《し》か思はせるのみである、渠の抱いて居る理想は仏教も時代の進運に伴うて進歩せざれば、遂に滅亡するに至るといふのであるとして、ともすれば、政治家や探検家の側面が強調されがちですが、やはり、宗教者・仏教者としての側面が重要であったことが示唆されています。

三　大谷探検隊とは

先にも「探検家」としての側面を取り上げましたが、これも単なる地理的な関心や、未知の言語や文字資料を渉猟するというようなものではなく、明確に「仏教」の伝播ルートの解明や現状把握、つまり、当時の仏教世界の現状認識を企図したものであったと言うことができます。白須淨眞は、大谷探検隊を「アジア広域調査活動」と位置づけ、以下のように意義づけています。

アジア広域調査活動・大谷隊とは、二十世紀初頭、京都・西本願寺の大谷光瑞が内陸アジアを含むアジア広域に派遣した日本の調査隊を指し、仏教流伝の様相をアジア広域の過去と現在に求めようと試みたものであった。

私は、大谷探検隊は、「仏教者の、仏教者による、仏教者のための調査」であったと考えています。探検というと、expedition, exploration という英語が思い浮かびますが、むしろそれは、仏教者としての使命 mission であったと考えるべきです。故百済《くだら》康義《こうぎ》氏も、二〇〇三年に開催された大谷探検隊派遣百周年記念事業の冒頭挨拶においてそのように位置づけていました。また、最近では、この探検隊を狭広二義にとらえることも考えています。

狭義　西域探検（シルクロード踏査）
　時間的拡張……一九〇二―一四年　↓　一八九九―一九二三年
広義
空間的拡張……中央アジア　↓　インド・中国・チベットを含むアジア各地の仏教の伝播と現状調査

時間的拡張として、一八九九年をその開始の年としましたが、それは、宗主継職後初めての「直諭」（一九〇三年三月二十五日）に根拠があります。

去る明治三十二年冬より、宇内宗教の現状を視察せんと欧洲の各国を歴訪し、遂に法顕玄奘の旧跡を慕ひ、許多《あまた》の艱苦《かんく》を凌《しの》ぎつゝ陸路印度に赴き仏祖の霊蹟を探り聊《いささか》得る所あり、昔時の隆盛を追想し今日の荒廃を目撃し、感慨の至りに堪《た》えざりき。

ここに出る「明治三十二年」は、西暦一八九九年で、この年から、「宇内宗教の現状を視察せんと欧洲の各国を歴訪」が始まっています。また、一九一三年を終了の年としていますのは、光瑞の命を受けてチベットに入った青木文教《ぶんきょう》・多田等観《とうかん》のうち、多田の帰国の年に相当します。

探検の意義と目的

大谷光瑞自身は、どのように探検隊の意義や目的を考えていたのでしょうか。

西域は是れ仏教興隆し、三宝流通せる故地なり。殊に新疆《しんきょう》の地たるや、印度と支那との通路に当り、両地文化の接触せし処にして、又実《まこと》に仏法東漸の衝衢《しょうく》たり。然《しか》れども此地に於ける教法の衰亡は、既に久しき以前にして、往昔の状況今や得て知るべからず。予夙《つと》に此地を始めとして所謂《いわゆる》中央亜細亜《あじあ》に対する学術的踏査の忽諸《こつしょ》に附すべからざることを知ると雖《いえども》、其実行の機会に至りては、之を獲ること能《あた》はざりしもの久し。明治三十五年八月、予会々《たまたま》英国倫敦《ロンドン》に在り、将《まさ》に故山に帰らんとするに当たりて謂《おもえ》らく、此帰途を利用して予が素志の一端を達せんに如《し》かずと。遂に意を決して自ら西域の聖蹟を歴訪し、別に人を派遣して新疆の内地を訪《おとな》はしめたり。這次《しゃじ》旅行の結果は予をして中央亜細亜探究の愈々《いよいよ》必要なるを悟らしめたれば、予は更に此目的の為めに、第二第三の両回に亙《わた》りて人を派遣するに至れり。

目的については、

凡《およ》そ前後三次の探究に於て、予の目的とせし所は一にして止《とど》まらず、而《しか》も其の最も著《いちじる》しきものは仏教東漸《とうぜん》の経路を明かにし、往昔支那の求法僧が印度に入りし遺跡を討《たず》ね、又中央亜細亜が夙《つと》に回教徒の手に落ちたる為めに仏教の蒙《こうむ》りし圧迫の状況を推究するが如《ごと》き、仏教史上に於ける諸《もろもろ》の疑団を解かんとするに在りき。次に此地に遺存する経論、仏像、仏具等を蒐集《しゅうしゅう》し、以《もっ》て仏教々義の討究及び考古学上の研鑽に資せんとし、若し能《あた》ふべくんば地理学、地質学及び気象学上の種々なる疑団をも併《あわ》せて氷解せしめんと欲《ほっ》したり。

つまり、地理学的・考古学的・言語学的発見よりも、仏教伝播のルートを探る調査であり、仏教伝播の実態調査、歴史的事実の検証、仏教遺跡の考古調査、仏教遺品の収集を最重要視していたことがわかります。

◉広義の大谷探検隊（仏教伝播ルート調査）

第一次探検（一九〇二―〇四）

中国・新疆……………渡辺哲信　堀　賢雄
インド…………………大谷光瑞　本多恵隆　井上弘円
　　　　　　　　　　藤井宣正　日野尊宝　薗田宗恵
　　　　　　　　　　上原芳太郎　升巴陸龍　島地大等
　　　　　　　　　　秋山祐頴　清水黙爾
ビルマ・中国…………渡辺哲乗　吉見円蔵　前田徳水
（南方）………………野村礼譲　茂野純一

第二次探検（一九〇八―〇九）

中国・新疆……………橘　瑞超　野村栄三郎

インド…………大谷光瑞　足利瑞義　和気善巧
青木文教　柱本瑞俊　（橘・野村合流）

第三次探検（一九一〇―一四）

中国・新疆………橘　瑞超　吉川小一郎
チベット…………青木文教（一九一三―一六）　多田等観（一九一三―一二三）

野営する大谷探検隊（1911 年）（上）
カシュガル英国官庁にて　前より 2 列目右側が光瑞（1902 年）（下）
（龍谷大学図書館蔵）

四　大谷光瑞と農業

私は二〇〇七年七月に、光瑞が実際に使用したパスポートを見る機会を得ました（八二頁）。このパスポートは、光瑞の側近の一人であった青森市・光行寺の仁本正恵の旧蔵で、一九四〇年六月二十四日、「蘭領東印度」すなわちインドネシアに渡航する際のもので、職業欄に、明確に「農業（英語欄 Agriculture）」と自署されています。このように、光瑞は、生涯を通じて農業を重視し、自己の職業として矜持を持っていたことは、ほとんど知られていません。

以下、光瑞の著作から「農（業）」にかかわる言説を列挙してみましょう。

○「農は国の本なり。農興らずば人存し難し。」

○「農産は国の本なり。……政府は常に農の国本なるを忘れず、国家の権力を行使し、農産を豊饒ならしめ……」

○「夫れ農は国の基なり。」

○「人食なくば死す。人なくば国存せず。国の本たるや工に非ずして農に在るは疑を容れず。」

○「香料製造は私の職業で御座いますので、種々の植物を栽培して居ります。」

○「不肖は、自ら職業を農業に撰び、其の身分を登記するや、常に農と記し、自ら誇りとなせり。世職業多しと雖も、農業より貴きはなし。農を首めとし、工商之に次ぐ。其の他政治、教育、宗教を職となせる輩は、皆其の下位にあり。蓋し彼等は農工商の恩澤により、生息せるものにして、農工商なくば、一日も其の生命を持続する能はざるなり。

元来職業に高下なしと雖も、仮りに貴賤の別を分たば、農、工、商、貴にして、政治、教育、宗教等の寄食者は賤たるを免れざるなり。」

○「殊に私の職業は農業でございますから……農業者が、農業に不適当な所へ行って農業をやらねばならん。これ位世の中に皮肉なことはありません。私は今まで嫌だから逃げて居ったのです。満洲へ行って農業することは見込がありませんから、それで逃げを張って逃げ終せて居ったのです。それで一遍も満洲で私農業をやったことはございません。どこで大谷やって居ったか？　ジャバでやって居る。世界中一番よいから。……有難いことに世界中歩いて知って居ります。一番よい所を知って居ります。」

光瑞は、一九一四年五月の宗主辞任後、シンガポール、ジャワ、トルコ及び台湾で農業を主体とした「起業」をおこなっています。

一九一六年、シンガポールのゴム園に始まり、セレベス島のコーヒー園、ジャワ島のシトロネラ園、トルコ・ブルサでの養蚕《ようさん》・絹織物・染織、アンカラでのバラ園・香水製造を試みています。一方、二楽荘や台湾・逍遥園でも果樹を栽培していたことはよく知られています。

最初は、一九〇八から一九一四年の「二楽荘園芸部」におけるマスクメロンや葡萄《ぶどう》の温室栽培、林檎・梨・洋李・スイカなどの栽培、米の生産が挙げられます。牛乳、乳酸も販売していたようです。

次に、一九一六年、四十一歳でシンガポールに農園（旭日護謨《ごむ》園）を経営し、ゴム栽培をおこなったことが知られています。

次に、インドネシアにおいては、一九一七年二月に、四十二歳で「蘭領印度農林工業会社」をジャワ島スラバヤ市に設立し、最初セレベス島メナドで大森林の開拓に着手しますが、その後中止し、主力をジャワに移して農園を経営します。一九一八年四月には、セレベス島メナド附近にて英人より伽琲（コーヒー）園（耕雲山荘）を購入しました（一九二〇年まで）。一九二〇年には、ジャワ島ソラバイヤ附近にてシトロネラ園（ジュランゼロ農園）を購入、ジャワ西部でもスカハジ農園（環翠山荘）と、養蚕のパノマラ農園（大観荘）を経営します。しかしうまくいかなかったようで、主力をトルコに移すことになりました。

トルコと農業（一九二七―三三？）

トルコでは、ブルサとアンカラでの二つの殖産事業が挙げられます。まず、ブルサでは、現地の実業家と共同で、絹織物工場を設立運営しました。ブルサは、古代より蚕業・絹織物産業が主要産業であり、これを再興しようとするギョクチェン家当主メムドゥフ・ベイと、各地で農業を中心とする殖産事業を手がけ、世界的視野から各国独立の産業振興を企図した光瑞の思惑が一致して、ブルサでの合弁会社（日土合併絹織物会社）設立が実現しました。

新生トルコ共和国と日本の国交樹立（一九二四年）後、初の産業提携という位置づけになります。二〇〇八年、ブルサ市ギョクチェン家に所蔵されていた絹織物工場の新資料を

ギョクチェン家当主・メンドゥフベイ（中央左から二人目）と
大谷光瑞（同三人目）（ギョクチェン家蔵）

串本に建つエルトゥールル号「弔魂碑」
（大谷光瑞揮毫　筆者撮影）

実見し、「二〇一〇年トルコにおける日本年」の企画として、二〇一〇年九月十六日から十二月二十九日の間、ブルサ市立博物館において、「ブルサにおける初のトルコ・日本産業提携――ギョクチェン家と大谷光瑞」展として、初公開資料を含む関係資料が展示されました。

次に、アンカラ（アンゴラ）でのバラの栽培と香料製造が企図されました。一九二七年に、トルコ建国の父・ケマルパシャの所有する広大な土地の一部「アヒマスッド農園」を共同経営する契約が交わされました。一九二八年の記事には、「トルコの香料工場は明年度より香料抽出をなさんとす。故に尽くベンヂン法による事に決し、その機械をミツセル氏に依頼せり。同氏はトルコの薔薇《ばら》は優良なりと云へり」とあります。現地の気候に適した優良な薔薇を栽培した上で、香料を抽出するための「薬品香料化学産業株式会社」を設立して産業として成熟させようという意図がうかがえます。なお、二〇一四年夏に現地を訪問する機会を得ましたが、今なお広大な土地がほぼそのまま残されていました。

一方、和歌山県串本町に光瑞の揮毫になる「弔魂碑《ちょうこんひ》」があります。一八九〇年にオスマントルコの軍艦エルトゥールル号が遭難し、地元住民が献身的な救助活動をおこなったことを契機として、一九二九年四月に日土貿易協会によって建立されたものです。両国の親密な友好関係の端緒となっていますが、同時に、光瑞と日土貿易協会創設時からの深い関係がうかがえます。

台湾での農業については、一九三五年、六十歳の時、台湾南部方面及び東海岸全島を視察し、一九四〇年十一月一日から三日にかけ、高雄の逍遥園の開園式が挙行されました。逍遥園は高雄に新築した邸宅で、附属園は一万坪に余り、ゴム・コーヒー・マンゴー・アボカド・サボジラ・バナナ・茘枝《れいし》・柑橘《かんきつ》等の試験栽培が開始されました。

現在、数ある光瑞関係の建築物で原型をとどめているのは、この逍遥園だけと言ってよく、現在、現地研究者や関係者の手によって復元と公園化が進められています。

最後に、別府での遷化直前の一九四八年、七十三歳の夏頃、香川県よりオリーブの苗を取寄せ、国東《くにさき》半島に移植したということです。

このように、宗主時代の二楽荘から遷化直前までの半生については、熱帯地域を中心とする「農業」、およびそれにかかわる殖産事業に従事していったことになります。職業を「農業」と記す光瑞の一貫した姿がうかがえます。

五　大谷光瑞の世界認識

徳富《とくとみ》蘇峰《そほう》は、光瑞の目的を二つ示しています。そこに彼を取り巻く「世界」に対する彼自身の見方や姿勢・態度がうかがわれます。

①「仏教を振興し、之を以って精神的に東亜民族の興隆を促すこと」

②「東亜の凡有る資源を開拓し、東亜民族の生活を向上せしめ、東亜をして自給自足、現在の植民地的状態を一掃し、以って東亜の隆昌をはかること」

ここで、先行研究に従って、光瑞とその活動の意義について種々の解釈を示しておきます。

○関露香「渠《かれ》（＝光瑞。引用者注）の学問は何処までも仏典本位で、其他のものは総《すべ》て渠の支柱であらねばならぬのである、そして其れが断じて主客の顛倒を容《ゆる》されないのである。」

○白須浄眞「アジアの仏教徒のリーダーを自負する光瑞は、その任と感じて〔引用者注：ダライラマ〕十三世を支援しようとし、その結果として国際政治社会の中に入り込んでいったとみなしてよかろう。」

○柴田幹夫「大谷光瑞もまた、アジア人のことはアジア人の中で考えるべきであるというアジア主義的な考えを持っていた。中国革命に関心を持ち、トルコ革命を援助したり、ビルマの反英闘争を支援したりしていた。とくに仏教徒として仏教の聖地である中央アジアをヨーロッパ人に荒らされては困るという意識が光瑞にあったに違いない。従って「仏子にしてアジア人」たる光瑞が仏教東漸の道を探るということは当然のことであった。中国はすでに仏教が廃れてしまっているので、日本の方から過去とは逆に仏教を伝えなくてはならない「仏教西漸」という壮大な意気込みが感じられよう。また仏教徒としての強烈な自負があった。「仏子にしてアジア人」たる大谷光瑞をして中央アジアに行かしめたのではなかろうか。」

○入澤崇「「仏教モダニズム」と呼ぶのがふさわしい。光瑞は伝統宗学に西欧近代に勃興した仏教学研究を接続させ、それを基盤としながら地理学、地質学、気象学などを連結させようとしたのである。彼はイギリス王立地理学協会の会員であり、気象学のスペシャリストでもあった。仏教はいかなる環境のもとで繁栄し、いかなる環境のもとで衰退するのかが中心命題であり、その探究が大谷探検隊となって具現化

晩年の大谷光瑞猊下（『鏡如上人年譜』1954 年口絵より）

したのである。」

このように、近代日本が直面した国際政治状況の中で、ともすれば「アジア主義者」とも「農本主義者」とも言われるような、イデオロギーや政治的な思想と対比されます。しかし、その定義は曖昧で、第二次世界大戦に向かっていった「大東亜共栄圏」思想と同一であるかというと、むしろ、そのことによって光瑞の活動を狭めてしまいかねません。光瑞を「〇〇主義者」と定義することで、その活動を矮小化《わいしょうか》しては、その活動の全体像を見失ってしまいます。言説や著述を見る限り、その基本は仏教であり、仏教を機軸とした探検であり、教育であり、農業などの諸事業でありました。むしろ「仏教徒」「仏子」として、アジアにとどまらず欧州などを含む同時代の世界認識を明確にし、フィールドワークや和洋漢の書籍に根拠を求めつつ、さまざまな活動をおこなっていったのではないでしょうか。

おわりに

先にも述べましたように、従来、大谷光瑞はシルクロード探検隊の派遣者として「探検家」としての側面が強調され過ぎてきたと思います。研究者・教育者・実業家・著述家……それぞれが、その全体像の一面に過ぎません。群盲撫象《ぐんもうぞうぶぞう》（盲人摸象）の譬喩の如く、その一面だけを見ても光瑞の事跡の全体像を把握したことにはなりません。探検もそれだけで完結しているのではなく、光瑞の広汎な関心の一つに過ぎなかったのでしょう。探検は、単なる地理的な関心や、未知の言語や文字資料を渉猟するというようなものではなく、明確に「仏教」の伝播ルートの解明や現状把握、つまり、当時の仏教世界の現状認識を企図したものでありました。

種々の活動や事業について、強いて挙げれば、宗教者であり仏教者である光瑞の多面的な事跡の中心の一つが「農業」であったということになりますでしょうか。

現在中国の大連図書館で「大谷文庫」と呼ばれている資料群は、光瑞が旧南満州鉄道図書館に寄贈した約六千点の資料の一部です。「大谷光瑞蔵書」印が押された膨大な和洋漢の蔵書は、その関心の幅広さ、学問の深さを物語っています。また、最晩年の別府の都市計画に関するノート「観光都市建設私案」は、観光関係特別建設法の嚆矢《こうし》となった「別府国際観光温泉文化都市建設法（法律第二二一号、一九五〇年）」とも関連しています。ひとづくり、まちづくり、くにづくりにかかわる、幅広い見地で、既存の枠にとらわれないスケールの大きさが見て取れます。

二〇一八年は、大谷光瑞の遷化七十年になります。「アジア仏教文化研究センター（BARC）」グループ1ユニットBサブユニット3では、大谷光瑞の思想と事業に関して、その歴史的意義の再検証に向けた国際シンポジウムを予定しています。どうぞご期待ください。

参考文献

芦屋市立美術博物館編『モダニズム再考　二楽荘と大谷探検隊』（芦屋市立美術博物館、一九九九年）。

芦屋市立美術博物館編『モダニズム再考　二楽荘と大谷探検隊Ⅱ』（芦屋市立美術博物館、二〇〇三年）。

入澤　崇「二楽荘へのいざない」（和田秀寿編『二楽荘史談』国書刊行会、二〇一四年）。

エルダル・カ・ヤルチュン「大谷光瑞とトルコ――建国の父ケマルパシャのパートナーとしての大谷光瑞」（柴田幹夫編『大谷光瑞とアジア――知られざるアジア主義者の軌跡』勉誠出版、二〇一〇年）。

応地利明『絵地図の世界像』（岩波新書、一九九六年）。

大谷光瑞『大谷光瑞全集』（全十三巻、大乗社、一九三四―三五年）。特に第六～九、十二巻。

大谷光瑞『大谷光瑞興亜計画』（全十巻、大乗社、一九三九―四〇年）。

大谷光瑞『熱帯農業』（前掲『興亜計画』第六～九巻の合冊本、大乗社、一九四二年）

大谷光瑞猊下記念会『大谷光瑞師の生涯』（伝記叢書一四九、大空社、一九九四年）。

岡西為人『大谷光瑞師著作総覧』（瑞門会、三五書院、一九六四年）。

香川黙識編『西域考古図譜』（国華社、一九一五年）。

片山章雄編『予會々英國倫敦に在り——本願寺留学生・欧亜往還西本願寺留学生・大谷探検隊の一〇〇年』（大谷記念館、二〇〇四年）。

加藤斗規「大谷光瑞と南洋」（柴田幹夫編『大谷光瑞とアジア——知られざるアジア主義者の軌跡』勉誠出版、二〇一〇年）。

鏡如上人七回忌法要事務所編輯『鏡如上人年譜』（鏡如上人七回忌法要事務所、一九五四年）。

柴田幹夫編『大谷光瑞とアジア——知られざるアジア主義者の軌跡』（勉誠出版、二〇一〇年）。

柴田幹夫『大谷光瑞の研究——アジア広域における諸活動』（勉誠出版、二〇一四年）。

白須淨眞編『大谷光瑞と国際政治社会——チベット・探検隊・辛亥革命』（勉誠出版、二〇一一年）。

白須淨眞『大谷探検隊研究の新たな地平——アジア広域調査活動と外務省外交記録』（勉誠出版、二〇一二年）。

白須淨眞編『大谷光瑞とスヴェン・ヘディン——内陸アジア探検と国際政治社会』（勉誠出版、二〇一四年）。

瑞門会『大谷光瑞上人生誕百年記念文集』（瑞門会、一九七八年）。

関　露香『大谷光瑞』大正五年（和田秀寿編『二楽荘史談』国書刊行会、二〇一四年）。

仁本正恵『本願寺の明星——大谷光瑞上人の生涯』（神戸別院慶讃法要事務所、一九七三年）。

濱下武志「アジア地域文化を考える」（松原広志・須藤護・佐野東生編『文化交流のエリアスタディーズ——日本につながる文化の道』ミネルヴァ書房、二〇一一年）。

廣瀬　覺『大谷光瑞と現代日本』（文芸社、二〇〇一年）。

三谷真澄・ヤマンラール水野美奈子編『大谷光瑞のトルコでの動向——「仏教」と「農業」のあいだ』（龍谷大学国際社会文化研究所研究成果報告書、龍谷大学国際社会文化研究所、二〇一六年）。
和田秀寿編『二楽荘史談』（国書刊行会、二〇一四年）。

龍谷大学世界仏教文化研究センターと
龍谷大学アジア仏教文化研究センター

龍谷大学は、寛永十六年（一六三九）に西本願寺の阿弥陀堂北側に創設された「学寮」を淵源とする大学です。その後、明治維新を迎えると学制の改革が行われ、学寮も大教校・真宗学庠・大学林・仏教専門学校・仏教大学と順次に名称を変更し、大正十一年（一九二二）に今の「龍谷大学」となりました。

その間、三七〇有余年もの長きにわたって仏教の研鑽が進められ、龍谷大学は高い評価を得てまいりました。そして平成二十七年四月、その成果を国内外に発信するとともに仏教研究の国際交流をめざす拠点として、「龍谷大学世界仏教文化研究センター」を設立いたしました。「龍谷大学アジア仏教文化研究センター」は、このような意図のもと設立された世界仏教文化研究センターの理念を具現化する研究機関です。

現在、アジア仏教文化研究センターでは、文部科学省の支援事業に採択された「日本仏教の通時的共時的研究――多文化共生社会における課題と展望――」

をテーマとする研究プロジェクトを推進していますが、「文化講演会」ならびに「講演会シリーズの刊行」もまた、世界仏教文化研究センターの設立理念の一つである「社会貢献」を具現化したものに他なりません。

何とぞ、本書『「世界」へのまなざし――最古の世界地図から南方熊楠・大谷光瑞へ――』の刊行を機縁として、龍谷大学の設立した世界仏教文化研究センターならびにアジア仏教文化研究センターの諸活動に、ご理解とご支援をたまわりますよう、茲に謹んでお願い申し上げます。

平成二十九年十月五日

龍谷大学アジア仏教文化研究センター

センター長　楠　淳證

執筆者（掲載順）

村岡　倫（むらおか　ひとし）

1957年、北海道生まれ。龍谷大学文学部教授。専門はモンゴル帝国史。

著書に『チンギス・カンとその時代』（共著、白石典之編、勉誠出版、2015年）、『概説中国史』下（共著、森田憲司・冨谷至編、昭和堂、2016年）など、論文に「元代永寧王家の系譜とその投下領」（『東洋史苑』66、2006年）、「モンゴル西部におけるチンギス・カンの軍事拠点」（『龍谷史壇』119・120合併号、2003年）など多数。

松居竜五（まつい　りゅうご）

1964年、京都府生まれ。龍谷大学国際学部教授。南方熊楠顕彰会理事、日本国際文化学会常任理事、熊楠関西研究会事務局。専門は比較文化。

著書に『南方熊楠――複眼の学問構想』（慶應義塾大学出版会、2016年）、『南方熊楠――一切智の夢』（朝日新聞社、1991年）、『達人たちの大英博物館』（共著、講談社選書メチエ、講談社、1996年）、『南方熊楠大事典』（共編共著、勉誠出版、2012年）など多数。

三谷真澄（みたに　ますみ）

奥付に別掲

p1、p7　『混一疆理歴代国都之図』（龍谷大学図書館蔵）
p43　『可所斎雑記』（南方熊楠顕彰館蔵）
　　『和漢三才図会』（南方熊楠記念館蔵）
p81　メンドゥフベイと大谷光瑞写真（ギョクチェン家蔵）
　　大谷探検隊写真（龍谷大学図書館蔵）

編者略歴

三谷真澄（みたに　ますみ）

1961年、広島県生まれ。龍谷大学国際学部教授。専門は仏教文化学、古写本学。

著書に『大谷光瑞のトルコでの動向――「仏教」と「農業」のあいだ』（ヤマンラール水野美奈子との共編、龍谷大学国際社会文化研究所研究成果報告書、龍谷大学国際社会文化研究所、2016年）『仏教の来た道――シルクロード探検の旅』（共著、龍谷大学龍谷ミュージアム・読売新聞社、2012年）、『文化交流のエリアスタディーズ―日本につながる文化の道』（共著、松原広志ほか編、ミネルヴァ書房、2011年）、『大谷光瑞とアジア――知られざるアジア主義者の軌跡』（共著、柴田幹夫編、勉誠出版、2010年）など多数。

龍谷大学アジア仏教文化研究センター
文化講演会シリーズ2

「世界」へのまなざし
――最古の世界地図から南方熊楠・大谷光瑞へ

二〇一七年一二月一五日　初版第一刷発行

編　者　三谷真澄
発行者　西村明高
発行所　株式会社　法藏館
京都市下京区正面通烏丸東入
郵便番号　六〇〇-八一五三
電話　〇七五-三四三-〇〇三〇（編集）
〇七五-三四三-五六五六（営業）

ブックデザイン　田中　聡
印刷・製本　中村印刷株式会社

ISBN 978-4-8318-6431-4　C0015

敦煌から奈良・京都へ　礪波　護著　二、五〇〇円

鏡鑑としての中国の歴史　礪波　護著　二、五〇〇円

チベットひとり旅　山本幸子著　一、九〇〇円

チベット聖地の路地裏　八年のラサ滞在記　村上大輔著　二、四〇〇円

近代仏教スタディーズ　仏教からみたもうひとつの近代　大谷栄一・吉永進一・近藤俊太郎編　二、三〇〇円

堕落と復興の近代中国仏教　日本仏教との邂逅とその歴史像の構築　エリック・シッケタンツ著　五、〇〇〇円

価格は税別

法　藏　館